Die aufgehenden Seen im Süden Leipzigs

Luftaufnahme des Cospudener Sees mit Blick nach Leipzig, 2000

LOTHAR EISSMANN · ARMIN RUDOLPH

Die aufgehenden Seen im Süden Leipzigs

Metamorphose einer Landschaft

Sax-Verlag

Vorwort zur zweiten Auflage

Umbrüche in der Erdgeschichte globalen wie regionalen Ausmaßes – auch in der Geologie spricht man von Revolutionen – haben in den zurückliegenden Hunderten von Millionen Jahren nicht nur zu neuen Rayonierungen der Erdkruste geführt. Aus den verwüsteten oder durch Abtragung ganz untergegangenen Landschaften und freigewordenen neuen Energien erhoben sich Länder mit üppiger Fruchtbarkeit, und die fernere Entwicklung schlug oft ganz neue Wege ein. Das gilt vor allem dann, wenn der Demiurg das Erdantlitz nicht mit erdinneren Urkräften und Feuer neu prägte, sondern quasi mit den Mitteln des plastischen Chirurgen oder Bildhauers, den sanften Agenzien exogener Kräfte, der Inlandeise oder des Windes, die in erdgeschichtlich kurzen Zeiträumen von wenigen 1000 Jahren leiser als das Gerät eines Tagebaues das Gesicht der Erde auf Millionen Quadratkilometer Fläche zerstörend wie aufbauend dauerhaft neu gestalten können. Eine solche der Gestaltungsphantasie des fließenden Eises am nächsten kommende Umformung der Landschaft erlebte auf einer Fläche von 1400 Quadratkilometern die braunkohlenführende Region am Südrand des Norddeutschen Tieflands zwischen Harz und Neiße, auf der wie Phönix aus der Asche mehr als 50 größere Seen mit einer Gesamtfläche von 270 km² entstehen.

In der ersten Auflage dieses Buches haben wir gewissermaßen modellhaft auf einer kleinen Zelle einen solchen anthropogenen Erdumbruch bis in 100 m Tiefe und ihre Auferstehung aus der Verwüstung zu einem Seenland wie aus der letzten Vereisungsperiode der Erde dargestellt. Daß diese in Fotografien, Karte und Graphik reflektierte »Metamorphose« großen Anklang gefunden hat und vergriffen ist, ermunterte uns zu einer rasch folgenden zweiten Auflage. Die Flut in Leipzigs Bergbauregion hat sich inzwischen weiter gehoben. Nicht katastrophisch, verheerend wie bei der »kleinen Sintflut« der Mulde im August 2002 auf der Seenplatte um Bitterfeld, als in wenigen Tagen statt Jahren riesige Tagebausenken in Flußwasser ertranken, sondern still, stetig, vom Menschen kontrolliert. Trotz dieses gezügelten langsamen Wasseranstiegs in den Tagebauen während der noch wenigen Jahre unseres neuen Jahrtausends hat sich das Gesicht der »aufgehenden Seen« und damit der gesamten Region von Leipzig wesentlich zu ihren Gunsten verändert. Im Markkleeberger See ist der »stationäre Endstand« des Gewässers erreicht, im Störmthaler See wie in den Seen zwischen Rötha und Borna, der Witznitzer Seengruppe aus Kahnsdorfer, Hainer und Haubitzer See, nähert er sich in den nächsten zwei bis fünf Jahren dieser Grenze. Das größte stehende Gewässer der Region, der Zwenkauer See, ist in die Phase der Flutung getreten. Das Bild, das der Kontakt von See und Brückenkippe auf mehrere Kilometer Länge heute und die nächsten Jahre bietet, darf mit seinen »Fjorden« und Abbrüchen ruhig als »dramatisch« apostrophiert werden, ohnegleichen zumindest in Zentraleuropa.

In dieser Neuauflage wird der Blick also auch auf die nächstgelegenen Seen im Süden, bis in den Raum Zwenkau-Borna, erweitert, wo sich gegenwärtig in den Feldern des Tagebaues Böhlen-Zwenkau und des ehemaligen Tagebaues Witznitz geradezu ein Qualitätsumschlag im Landschaftsbild vollzieht. Das mehr als ein halbes Jahrhundert durch Bergbau, Kraftwerke und Chemieunternehmen ökologisch am stärksten strapazierte Gebiet Deutschlands wandelt sich in eine Seenlandschaft, die durch ihre morphologischen Voraussetzungen – von breiten Tälern der Weißen Elster und Pleiße durchschnittene eiszeitliche Hochflächen – nach der Wiederbewaldung großer Areale (Neue Harth) oder der Neubegrünung der Seerandregionen schon nach wenigen Jahrzehnten eiszeitlich geprägten Naturlandschaften nicht nachstehen wird.

Das durch neue Graphiken – geologische Schnitte zu den Seen, zum Markkleeberger Paläolithikum und zum Orchideenwäldchen bei Güldengossa – sowie einer Karte des Seen-Fluß-Verbundes bis zur Saale, vor allem aber mit weiteren eindrucksvollen Fotos aus nächster Nähe und aus den jüngsten Überfliegungen ergänzte Bildmaterial spiegelt den fortschreitenden anthropogenen und natürlichen Landschaftswandel eines Zeitraumes von 15 Jahren wider.

Lothar Eißmann, Januar 2006

INHALT

	Einleitung	7
ERSTER TEIL	**Eiszeitseen, Braunkohlentagebaue und Tagebauseen**	9
	Auf dem Wege zur dritten Seengeneration 9	
	Die letzten Naturseen und der Wandel der Landschaft 9	
	Der Braunkohlentagebau Cospuden 10	
	Der Braunkohlentagebau Espenhain 13	
	Wasserqualität und Status der Seen 18	
ZWEITER TEIL	**Die aufgehenden Seen im Süden Leipzigs**	21
	Metamorphose einer Landschaft	
	Der Cospudener See	23
	Der Markkleeberger See	37
	Der Störmthaler See	51
	Rückhaltebecken Stöhna	66
	Der Zwenkauer See	67
	Die Witznitzer Seen – Kahnsdorfer, Hainer und Haubitzer See	75
DRITTER TEIL	**Werden und Vergehen in Jahrmillionen**	81
	Überlieferte Zeiten und Verlorene Orte	
	Kleiner Abriß der Erd- und Urgeschichte der Region	82
	Tabula rasa oder die Verlorenen Orte	86
	Geologie, Paläontologie und Archäologie im Spiegel von Tagebaubefunden	88
	Markkleeberg – eine alte und neue Adresse mitteleuropäischer Altsteinzeitforschung	96
	»Sächsisches Zweistromland« – Grabungskampagne Tagebau Zwenkau	98
	Der Gewässerverbund in der Region Leipzig	100
ANHANG	Literaturauswahl	102
	Bildnachweis, Dank	104

Einleitung

Ein See paßt in jeden Rahmen. Und dieser hier, ist er nicht ein königliches Geschenk? In tausend, nein, schon in hundert Jahren halten ihn die Leute für einen Gletschersee«, höre ich eine Besucherin nachdenklich sagen, ihre Eindrücke an der letzten Station unserer Seen-Exkursion um Leipzig, am Ufer des zuerst eingeweihten Cospudener Sees, zusammenfassend. Und ich beeile mich zu ergänzen: »Doch kein Pharao und Kaiser hätte je seinem Land so einen See für tausend Jahre graben lassen und zum ›königlichen Geschenk‹ gemacht«. Letztendlich aus Not und Zwang geboren. Was nun den »Rahmen« betrifft, gibt es keine Relativierung, ob im Hochgebirge oder im monotonen Tiefland, ob in der Wüste oder einer umgegrabenen Bergbauregion, jeder See, jeder Weiher bildet das »Auge« einer Landschaft, ihre Dominante. »Echt« oder »künstlich«, natürlich oder anthropogen? Diese Frage besitzt bei der kommenden Nutzung bald nur noch akademische Bedeutung. Am Kulkwitzer See hat nach wenigen Jahrzehnten seiner Entstehung schon mancher erfahrene in- und ausländische Teilnehmer an wissenschaftlichen Exkursionen die Frage gestellt, ob dieser denn auch »künstlich«, »artificial« sei, und manch Uneingeweihter, der auf der Durchreise ein kühles Bad nahm, wird dem Gewässer mit der Gewißheit entstiegen sein, Erfrischung im kristallklaren Wasser eines Eiszeit-, zumindest eines Natursees gefunden zu haben.

Am Südrand des Norddeutschen Tieflandes zwischen Neiße und Harz entstehen in der Folge des einhundertfünfzigjährigen exzessiven Braunkohlenbergbaues bis zur Mitte dieses Jahrhunderts mehr als einhundert große Seen, sog. Tagebaurestseen. In dem am weitesten nach Süden reichenden Gebiet des Braunkohlenbergbaues, der Leipziger Bucht südlich von Leipzig, werden es allein 17 sein mit einer Gesamtwasserfläche von 65 bis 70 km². Die einzelnen Wasserflächen schwanken zwischen 0,7 und 9,7 km², die Wasservolumina zwischen 5 Mill. und 350 Mill. m³ und die Tiefen zwischen 13 und 65 m. Das gesamte Wasservolumen der Seen liegt bei 1400 Mill. m³, was der 6½-fachen Wassermenge der berühmten Bleilochtalsperre der Saale entspricht.

Die acht hier vorgestellten Seen – der Cospudener, der Markkleeberger und der Störmthaler See, das Rückhaltebecken Stöhna, der Zwenkauer See und die Witznitzer Seen (Kahnsdorfer, Hainer, Haubitzer) –, gehören aus einer etwas größeren Sicht zur künftigen Neuen Mitteldeutschen Seenplatte, die vom Bergwitzsee nordöstlich von Gräfenhainichen im Norden bis zum Haselbacher See nahe Altenburg im Süden reicht, im Westen bis zu den Seen des Geiseltals und im Osten bis zu den größeren Kiestagebauseen nordöstlich Eilenburgs und bei Naunhof. Den nördlichen Teil bildet das künftige Bitterfeld-Gräfenhainichener Seenland, den südlichen, das Gebiet der Leipziger Tieflandsbucht, das Leipziger Seenland. Die nördlichsten »Augen« seiner Südregion, bisher wenig glücklich als »Südraum« bezeichnet, sind der Kulkwitzer See und die drei erstgenannten Seen, der Hauptgegenstand des Buches. Der Grund der Wahl ist ein mehrfacher. Markkleeberg und die im Osten liegenden Ortsteile Wachau und Auenhain sowie die zu Großpösna gehörigen Orte Güldengossa und Störmthal bildeten gewissermaßen die nördliche Front des Bergbaues im Südraum, geologisch des Weißelsterbeckens, und hatten mit dem langsam aus west-östlicher in nord-südliche Abbaurichtung schwenkenden Tagebau Espenhain mit am längsten unter den Beschwernissen des Bergbaues zu leiden. Das Buch über die nun folgenden »königlichen Geschenke« versteht sich damit als Erinnerung und als kleines Präsent für das Ausharren der Bürger in Geduld. Zum zweiten ist der Cospudener See der erste große Tagebaurestsee der Seengeneration, die auf den mit der politischen Wende verbundenen größten Einschnitt in das Bergbaugeschehen der Leipziger Bucht folgt, der Stillegung von zwölf Tagebauen in wenigen Jahren. Zum dritten besitzen die drei Seen für das Leipziger Tiefland gewissermaßen Typuscharakter. Der Cospudener See ist ein Talsee, wenn auch gegenwärtig nicht von einem Fluß unmittelbar gespeist und durchflossen, wie beispielsweise der freilich viel größere Kummerower See in Mecklenburg. Markkleeberger und Störmthaler See sind Hochflächenseen, d.h. in hochliegende Moränenplatten, braunkohlenzeitliche Schichten und Kippmassen eingeschnittene stehende Oberflächengewässer, die zumindest im Norden und Osten später einmal an den Stechlinsee oder die Feldberger Seen erinnern werden.

Die Freude an einer Landschaft wächst doppelt und dreifach mit der Kenntnis ihres Baues und Werdeganges. Die Geschichte dieser zum Teil noch im Entstehen begriffenen Seen soll daher von ihren Anfängen, dem Bergbau, über die künstliche Gestaltung ihrer Becken und ihres Rahmens, die zunächst natürliche, dann künstliche Flutung bis zur stationären Wasserspiegelhöhe, beispielsweise des Cospudener Sees, vor allem durch Fotodokumentationen im Reihenbild vorgestellt werden. Die Bilder entstanden im wortwörtlichen Sinn nicht nur am Schnittpunkt von Vergangenheit, Gegenwart und Zukunft, sie spiegeln sie auch wider. Die Geschichte der im Bild erschlossenen Erde reicht mehr als 500 Millionen Jahre zurück, ihre Erschließung und Exploration umfaßt mehr als ein halbes Jahrhundert, und die im Bild zu erlebende Umgestaltung der Landschaft, ihre erschreckende und zugleich hoffnungsvoll stimmende Metamorphose bis zum Aufgehen der Seen, der Entstehung einer neuen Landschaftsqualität, weist in die Zukunft auf Jahrhunderte und Jahrtausende. Es sind Belege der Erd-, Ur- und Kulturgeschichte. Symbolhaft wird der Mensch in einer alten, heute dicht besiedelten Kulturlandschaft Mitteleuropas als schnellster Umweltveränderer neben Vulkan, Erdbeben und Gletscher sichtbar, als eine geologische Kraft mit Wirkungen auf Jahrmillionen.

Erster Teil

Eiszeitseen, Braunkohlentagebaue und Tagebauseen

Auf dem Wege zur dritten Seengeneration

Die letzten Naturseen und der Wandel der Landschaft

Die Mehrzahl der Binnenseen unserer Erde, mit Ausnahme der Tausenden von Weihern und Tümpeln in den heutigen Dauerfrostgebieten der nördlichen Hemisphäre, verdankt ihr Entstehen den Gletschern der Hochgebirge und den Inlandeisfeldern der sie umrahmenden Tiefländer der letzten, untergeordnet der vorletzten Eiszeit. Damit gehören sie zu den ganz jungen Erscheinungen, die das Gesicht der Erde maßgeblich prägen. Ihr Entstehungsalter liegt zwischen rund 18 000 und 10 000 Jahren. Glazialseen, auch die lange ausgelöschten der älteren Vereisungsperioden, pflegen jeweils an deren Ende zu entstehen, wenn das Eis zerfällt und seine wie Staumauern wirkenden Moränenwälle oder der tief vom Gletscher ausgeschürfte und ausgewaschene Untergrund, seine »Rutschbahn«, freigegeben werden.

Wenn man bis in die Eiszeit ausholt, die vor rund 10 000 Jahren zu Ende ging, darf der Leser zu Recht eine Antwort auf die Frage erwarten, ob es in dieser Zeit, als Sachsen zeitweise bis zum Fuß des Erzgebirges mit Inlandeis bedeckt war, im Leipziger Raum auch Seen gegeben hat, wie er sie vielleicht aus den jungen Moränengebieten Mecklenburgs oder der Masuren aus eigener Anschauung kennt. Ja, es gab sie. Das Inlandeis bildete an seinem Südrand zwei Typen von Seen. Das in der Vorstoßphase wie eine flache Bogenstaumauer sich in die Täler sukzessiv vorschiebende Eis riegelte die Flüsse ab, die sich zu 20 bis 50 km, im Elbtal bei Bad Schandau zu über hundert Kilometer langen Seen aufstauten. Der größte und berühmteste Mitteldeutschlands, der Dehlitz-Leipziger Eisstausee, erreichte um Leipzig eine Ausdehnung von zeitweise über 500 km² und Tiefen bis maximal 55 m. Sein Wasservolumen wird auf 1 bis 2 Milliarden m³ geschätzt. Ablagerungen dieses Sees sind östlich von Markkleeberg weit verbreitet und werden künftig über der Uferregion des Markkleeberger und Störmthaler Sees zumindest in Erosionsfurchen wieder zutage treten. Vertreter von bedeutenden becken- und rinnenförmigen Seen aus der ersten, elstereiszeitlichen Vereisungsperiode sind in der weiteren Umgebung von Markkleeberg der einst über 20 km² große Wachauer und der wesentlich kleinere Kitzener See. Ihre Sedimente sind noch weit verbreitet, die des Wachauer Sees streichen an vielen Stellen des Nordrandes des Tagebaues Espenhain aus. Beide Seen gehören zu den südlichsten einer erloschenen Seenformation von vielen hundert Großseen und noch weit mehr an Weihern und Tümpeln, die Norddeutschland bedeckten und ihm eine landschaftliche Schönheit verliehen, wie sie vorher wohl zu keiner Zeit existierte und später nicht wieder erreicht wurde.

In dieser Zeit der »Tausend norddeutschen Seen« gab es allein zwischen der Elbe und Saale, der »Elstereiszeitlichen mitteldeutschen Seenplatte«, rund 50 Seen, darunter der riesenhafte See der rund 5 000 km² großen und bis um 200 m tiefen Elbtal-Glazialwanne, die das Inlandeis ausgeschürft und ausgespült hatte. Diese Seen bestanden teilweise über 50 000 Jahre und erloschen wohl überwiegend vor etwa 200 000 Jahren. Die letzten wurden vom Inlandeis der zweiten großen skandinavischen Inlandeisinvasion, der der Saaleeiszeit, ausgelöscht.

In der saaleeiszeitlichen Vereisungsperiode entsteht die zweite bis südlich von Leipzig reichende Seenformation Norddeutschlands, doch ist diese ein nur schwacher Abglanz der vorangegangenen. Während der mehrfachen Eisrandschwankung bildeten sich in der Leipziger Bucht vor allem flache Grundmoränenseen, einer bei Magdeborn südöstlich von Markkleeberg, von dem der Tagebau Espenhain bis 5 m mächtige Sedimente erschloß. Aus der endgültigen Eiszerfallsphase sind nur fünf kleinere Seen bzw. größere Weiher bekannt, doch haben mit Gewißheit weitere existiert, wohl auch auf der heute zerschnittenen Hochfläche östlich von Markkleeberg. Von einigen ist bekannt, daß sie sich über die gesamte folgende Warmzeit, die Eemwarmzeit, bis in die letzte Kaltzeit, die Weichseleiszeit, erhielten, d.h. über einen Zeitraum von mindestens über 10 000 Jahren, vermutlich 20 000 bis 30 000 Jahren. Das liefert einen guten Hinweis auf die zu erwartende Lebensdauer der Bergbauseen außerhalb der Täler. Nach Mammut und Wollhaarigem Nashorn weideten in der Nähe der Seen Waldelefant, Mercksches Nashorn, Edelhirsch, Elch, Ur und Wisent, jagten Braunbär, Luchs und Löwe, um danach wieder einer Kältesteppen angepaßten Fauna Platz zu machen. Auch hier, welch ein qualitativer Wandel in nicht einmal 100 000 Jahren, einem Augenblick der Erd-, ja Menschengeschichte. Während im Norden am Ende der Weichseleiszeit die Landschaft noch einmal eine durchgreifende Auffrischung erfuhr und das heutige Seenparadies beispielsweise Mecklenburgs und des nördlichen Brandenburgs entstand, endet mit der »Erblindung« der am Ende der Saalevereisung gebildeten Seen die letzte Periode der Naturseen im Süden des Norddeutschen Tieflandes einschließlich der Leipziger Bucht.

In völliger Umkehrung der naturgeschichtlichen Ereignisfolge entsteht wie Phönix aus der Asche die vorläufig letzte, anthropogene, also menschenbürtige Seenlandschaft inmitten einer Warmzeit des Eiszeitalters, des Holozäns, der günstigsten Klimaphase seit 100 000 Jahren, die sich der Mensch für seine Entwicklung überhaupt aussuchen konnte. Landschaftsgeschichtlich und -morphologisch gesprochen also Seenbildung nicht in einem Jungmoränen-, sondern in einem Altmoränengebiet, d.h. in einer wohl im wesentlichen vom Inlandeis geprägten, aber durch Abtragungs-, Fließ- und Schwemmprozesse eingeebneten, gealterten Region. Wir Gegenwärtigen erleben mit der anthropogenen Umwälzung der Schichten bis in große Tiefen und der Belebung des Reliefs einschließlich der Seenbildung eine, um es einmal gelehrt auszudrücken, retrograde Landschaftsmetamorphose, die weiträumige Rückverwandlung

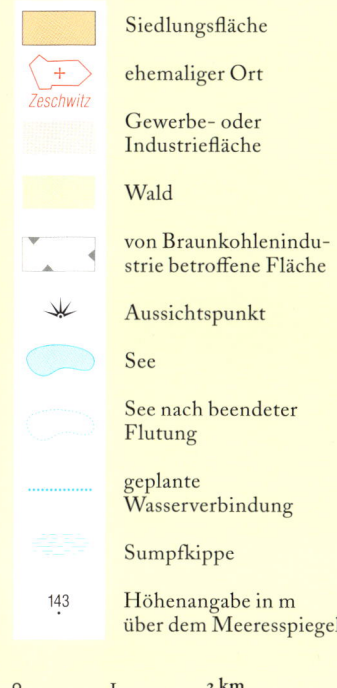

Siedlungsfläche

ehemaliger Ort

Gewerbe- oder Industriefläche

Wald

von Braunkohlenindustrie betroffene Fläche

Aussichtspunkt

See

See nach beendeter Flutung

geplante Wasserverbindung

Sumpfkippe

Höhenangabe in m über dem Meeresspiegel

0   1   2 km

einer Altmoränenlandschaft in eine Art »Jungmoränenlandschaft« mit vielen für sie durchaus charakteristischen Merkmalen vom Sediment über Lagerungsstrukturen bis zu den Geländeformen.

Der Not gehorchend, nicht dem eigenen Trieb …

Dieses geflügelte Schillerwort aus seiner Braut von Messina könnte das Motto des Braunkohlenbergbaues mit seinen umwälzenden Eingriffen in die Erde zumindest für die Zeit nach dem zweiten Weltkrieg sein. Kriegs- und Nachkriegsjahre: Trümmer und Hunger, nicht nur leiblicher, auch Hunger nach Energie, ohne die aller Wiederaufbauwille zum Scheitern verurteilt wäre. Der Osten des Landes ist von der Hauptlebensader abgeschnitten, der Steinkohle. Doch der Schöpfer hat es weit vorausblickend vor 20 bis 50 Millionen Jahren offenbar gut mit dieser Region und den später dort siedelnden Menschen gemeint. Von der Neiße bis zum Harz eine zusammenhängende kohleführende Erdformation! Vielfach zwei bis drei abbauwürdige Flöze übereinander. Das Leipziger Tiefland von Altenburg und Zeitz im Süden bis unter die Stelle, wo sich später die Stadt Leipzig entwickelte, im Norden, ein einziger großer Kohlepott, das Weißelsterbecken. Was für ein Geschenk, wieviele Länder dieser Erde würden sich glücklich preisen, nur einen Bruchteil des heute noch verborgenen Schatzes zu besitzen. Aber nur in Märchen und Sagen liegen die Schätze spatenstichtief in der Erde oder in Mauerritzen. Die wirklichen Schätze der Erde können nur mit Mühe und Sachverstand ausfindig und mit noch größerem Aufwand gehoben und nutzbar gemacht werden. Sie gleichen Konserven oder hartschaligen Früchten. Ihr Inhalt ist von einem Mantel umgeben, der geöffnet werden muß. In der aus Lockersedimenten bestehenden obersten Erdkruste sind es gegen Wind und Regen, Flüsse und Gletscher schützende Schichten aus Lehmen, Kiesen und Tonen. Vor allem bei Massenrohstoffen wie Braunkohle müssen sie abgedeckt werden. Landschaftszerstörung ist der Gewinnung damit inhärent. Nur dem wattgeizenden und mit dem Rad zum Dienst fahrenden Konsumenten darf dies ein Ärgernis sein, dem anderen, ist er kein Heuchler, höchstens ein notwendiges Übel, das er beklagt.

Jahrzehntelanges Gerangel um Abbaugrenzen: Liegt die Kohle unter dicht bebautem Gebiet, sind Interessenkonflikte selbst in der »klassenlosen Gesellschaft« vorprogrammiert. Unter Markkleeberg 12 bis 20 m, unter Probstheida 12 bis 15 m, unter dem Augustusplatz mitten in der Großstadt Leipzig 13 m Kohle! Sollen die Tagebaue bis zum Schleußiger Weg, hier noch 10 m Kohle, bis Probstheida vorrücken? Soll das Klinikgelände von Dösen überbaggert werden? Das waren Fragen der 1950er und 1960er Jahre. Man einigte sich. Die Abbaufront bleibt am Südrand von Störmthal, Güldengossa und Markkleeberg-Ost stehen. Von hier soll sie über Zöbigker, der Mitte des Elsterstausees bis Knautnaundorf verlaufen. Die in den 1970er Jahren in ein künstliches Bett gezwungene Weiße Elster wird zur Westgrenze. Kein geologisches Optimum! Ein Kompromiß aller an einer funktionierenden Städteregion interessierten Behörden. Keine Volksabstimmung. Doch die Elsteraue westlich von Markkleeberg, nördlich der Ortschaft Cospuden, wenig bebaut, weitflächig bedeckt mit einer parkartigen Auenwaldformation, darunter uralten Eichen, nicht weniger reizvoll als die weit gerühmte Parklandschaft der Themse bei Kew und Windsor oder der Elbe bei Wörlitz, ist dem Bergbau eine Verlockung. Schon in den fünfziger Jahren hatten die Geologen bauwürdige Kohle bis zum Schleußiger Weg festgestellt. In den siebziger Jahren wird das östliche Gebiet der Weißelsteraue zwischen dem Gut Cospuden und der Bahnstrecke Markkleeberg-Kleinzschocher als eines der Filetstücke des Kohlereviers erkannt. Zwei Flöze, das untere 2 bis 8 m, das obere 8 bis 12 m mächtig, übereinander zusammen durchschnittlich 12 bis 16 m Kohle, unter 25 bis 30 m Deckgebirge. Ein Verhältnis von Abraum zu Kohle von 2,5 bis 3:1, im Mittel 2,6:1. Ein Ausnahmefall im »Leipziger Kohlepott«. Das durchschnittliche Verhältnis in der Region liegt bei 4:1, z.T. bei 5 bis 7:1, z. B. auf großen Flächen östlich von Markkleeberg. In der Aue haben Saale und Weiße Elster in den letzten 350 000 Jahren dem Menschen die künftige Abraumarbeit fast zur Hälfte abgenommen: Rund 25 bis 35 m Deckgebirge der Kohle sind von den Flüssen abgetragen worden.

Die sozialistische Wirtschaft boomt derweil, aber nur auf dem Papier und in anderen Massenmedien. Das erhöht den Druck der Verlockung, noch weiter nach Norden in das landschaftliche Kleinod der Aue einzuschneiden. Einsprüche, ja sogar leise Proteste der Naturfreunde und -schützer verlaufen im Sand.

Der Braunkohlentagebau Cospuden

Im April 1981 beginnen die Aufschlußarbeiten im »Baufeld Cospuden« des Tagebaus Zwenkau, ehemals Tagebau Böhlen. Bald heißt die sich knapp 2 km nach Nordosten in die Weißelsteraue vorschiebende Grube nur noch Tagebau Cospuden. Die 5 bis 10 m mächtigen Schotter der Aue führen einen kräftigen, von der Weißen Elster stark gespeisten Grundwasserstrom. Daher gehen der Erschließung nicht nur aufwendige Entwässerungsmaßnahmen voraus, sie begleiten sie bis zum Ende der Kohlegewinnung. Sie reichen bis zur heutigen Verbindungsstraße zwischen Markkleeberg und Großzschocher. Ein Grundwasserbeobachtungsnetz bis zum Schleußiger Weg wird installiert. 185 bis 205 Tiefbrunnen sind bei einer Förderung von reichlich 25 000 m³ Grundwasser pro Tag ständig in Betrieb, den Tagebau weitgehend trocken zu halten. Aber ein weitaus größeres notwendiges Übel ist der Eingriff in den Auenwald. Rund 110 ha fallen in wenigen Jahren Säge und Axt zum Opfer. Unter den Opfern die 250 Jahre alte Napoleonseiche, längst zur Landmarke geworden und vielbesuchter Flecken der Aue. Der Gedanke der inselartigen Umfahrung des renommierten Baumes und künstlicher Bewässerung des Bodens wird diskutiert, aber Anfang 1981 wieder aufgegeben. Ein vor allem von der Auenwaldzerstörung erschütterter und von dem Gedanken einer viel weiter nach Norden reichenden Grundwasserabsenkung mit nachteiligen Folgen für

Schaufelradbagger aus dem Tagebau Cospuden…

…gesprengt im Jahre 1999

den nördlichen Auenwald geplagter Naturfreund fragt den Geologen, ob es keine Alternative zu dieser »Sünde« gäbe. Der legt den Zeigefinger an den Mund: »Natürlich, eine politische und ökonomische!« Er versteht. Doch eine Minute später schon hätte der Geologe die Antwort am liebsten wieder hinuntergeschluckt. Nicht aus Furcht, daß sie kolportiert wird, aus besserem Wissen. Auch jedes nach marktwirtschaftlichen Kriterien arbeitende Bergbauunternehmen würde in einer Region mit kohleverarbeitender Industrie in Europa ein Kohlefeld auf Biegen und Brechen ausbeuten, wo für eine Tonne Braunkohle nur 2,5 bis 3 m³ Abraum zu beseitigen sind. Der Systemunterschied reduziert sich auf das Abwägen von Gewinn und ideellem Schaden unter dem Auge einer kritischen Öffentlichkeit.

Im Zusammenhang mit dem Naturschutz im Vorfeld der Tagebaue oder nach Beendigung der Kohleförderung gibt es schöne und daher auch hier erwähnenswerte Beispiele von stillem Idealismus. Otto Priese, ein über die Region hinaus bekannter Naturfreund organisiert in den 60er Jahren in zahlreichen Wochenendeinsätzen das Pflanzen von einigen tausend Bäumen am Rande des kommenden Kulkwitzer Sees. Wilfried Morgeneyer ruft 20 Jahre später in Markkleeberg die »Aktion Märzenbecher« ins Leben. Tausende Zwiebeln des unter Naturschutz stehenden Frühlingsblühers werden im Vorfeld des Tagebaues Cospuden geborgen, oft in bedrohlicher Nähe des Schaufelrades. Sie werden »am stillen Ort«, um es mit Goethe zu sagen, in der Aue weiter nördlich wieder gesteckt, wo sie nicht nur verharrend »fortblühen«, sondern sich in den folgenden Jahren zu ansehnlichen Inseln und Teppichen ausbreiten.

Nach einer Dammschüttung von 1979 bis 1982 für den Transport der Geräte erreichen die Bagger vier Monate nach Aufschlußbeginn (Frühjahr 1981) die Kohle. Im August 1981 läuft die Förderung an, die zwei Monate später, am »Tag der Republik«, offiziell proklamiert und gefeiert wird. Der Tagebau erreicht eine maximale Tiefe von 55 bis 57 m. Im Oktober 1992, als der letzte Kohlezug den Tagebau verläßt, werden es 31,6 Mill. Tonnen sein. Auf dem Weg zur Kohle waren rund 30 bis 35 m Abraum über und zwischen den Flözen abzutragen und abzutransportieren, zunächst im Zugbetrieb, ab Oktober 1983 im modernen Bandbetrieb. Als am 20. April 1990 der Regelbetrieb eingestellt wird, sind es 86,7 Millionen Kubikmeter oder knapp 200 Mill. Tonnen. Aus Kohle und Abraum errechnet sich ein Tagebauvolumen von 115 Mill. Kubikmetern. Obwohl bereits das Vorfeld beräumt, insbesondere der Auenwald geschlagen und die aufwendigen Entwässerungseinrichtungen installiert waren, setzte eine Bürgerinitiative dem Abbau ein abruptes Ende. Verständlich bleibt der Abbruch nur bei kühler historischer Betrachtungsweise. Der rentabel wirtschaftende Tagebau wurde in der Wendezeit ein Opfer des berechtigten Zorns vieler Menschen. Über Jahrzehnte waren schwelende oder offensichtliche Umweltprobleme ignoriert worden. Tröstlich dabei vielleicht der Gedanke, daß in Not geratenden künftigen Generationen die oberflächennahe wertvolle Braunkohle möglicherweise einmal zum rettenden Anker werden kann.

Die **geologische Schichtenfolge** ist verhältnismäßig einfach, wenn auch nicht ohne Tücken für den Bergbau (siehe Abb. S. 12). An der Oberfläche liegen 2 bis 3 m brauner Auelehm. Darunter folgt ein 6 bis 10 m mächtiges Kies- und Sandbett. Oben handelt es sich um Ablagerungen der Weißen Elster, die während des Holozäns in den letzten 10 000 Jahren und während der Weichseleiszeit frühestens vor 100 000 Jahren abgesetzt wurden. Dann die Überraschung. Unter einer Lage von vorherrschenden Gesteinen aus Skandinavien, darunter Blöcken von ½ bis 2 m Durchmesser, Erratika oder Findlinge, einige Meter Schotter der Saale, die vor der ersten Inlandeisbedeckung ihren östlichen Weg über Leipzig genommen hatte. An der Basis ruhen oft große Quarzitblöcke, zusammen mit den Findlingen die »oberen Ärgernisse« des Bergmanns im Tagebau. Zwischen dem Kieslager und der Kohle eine bis 25 m mächtige Folge aus Sedimenten der oligozänen Nordsee. Oben handelt es sich um stark tonige und schluffige Schichten, die reichlich Muscheln und Schnecken führen, den oft abgetragenen Muschelsand und den weitflächig erhaltenen Muschelschluff. Eingelagerte bis 1½ m lange und maximal ½ m dicke Kalkknollen (Septarien) bilden wiederum Hindernisse, müssen häufig ausgesondert und getrennt verstürzt werden. Bis zur Kohle folgen bis 15 m mächtige braune, feinkörnige Sande mit Schlufflagen, ½ bis 2 m braungrüner Schluff und einige Dezimeter Kies. Die wichtigste geologische Schicht des Tagebaues bildet das im Durchschnitt 8 bis 12 m mächtige Böhlener Oberflöz (Flöz IV). Es besteht aus einer Wechsellagerung von dunkelbrauner bis schwarzer mit gelber bis hellbrauner Kohle, teerreichen Schichten, die sich als Bänder und Bänke deutlich im Flöz abzeichnen. Im oberen Fünftel des Flözes treten verkieselte Hölzer auf, vor allem Stubben, und häufig eine Quarzitbank. Eine zweite eingekieselte Sandbank, ebenfalls ein beträchtliches Bergbauhindernis, ist unter dem Flöz entwickelt. 1 bis 8 m, meist 1 bis 3 m mächtige Sande und tonige Schichten trennen das Oberflöz vom Bornaer Hauptflöz (Flöz II). Seine Stärke schwankt im Tagebau zwischen 2 und 8 m. Es ist wiederum ein durch teerreiche gelbe Bänder deutlich gegliedertes Flöz. Beide Flöze bestehen teils aus Schwel-, teils aus Kesselkohle. Das untere Flöz wird von 2 bis 5 m mächtigen Tonen und Sanden unterlagert, stellenweise ruht es unmittelbar auf mächtigem Kaolin, dem tonigen Zersetzungsprodukt von Leipziger Grauwacke, außerhalb des Tagebaues von Leipzig-Lößniger Granit (Granodiorit).

Der Cospudener See

Im Abstand von dreißig Jahren ist zum zweiten Male in der langen Kulturgeschichte des Leipziger Raumes in unmittelbarer Großstadtnähe ein riesiger Hohlraum entstanden, der sich auch ohne Mitwirkung des Menschen mit Grundwasser füllen und zu einem See entwickeln würde. So wird der am 1. Januar 1991 beginnenden Tagebausanierung als Hauptziel die Gestaltung des künftigen Sees gestellt. Sie ist eingebettet in ein schon älteres, nunmehr überarbeitetes Programm, das in der gesamten Leipziger Bergbauregion die

Die Napoleonseiche – am 17. März 1981 gefallen

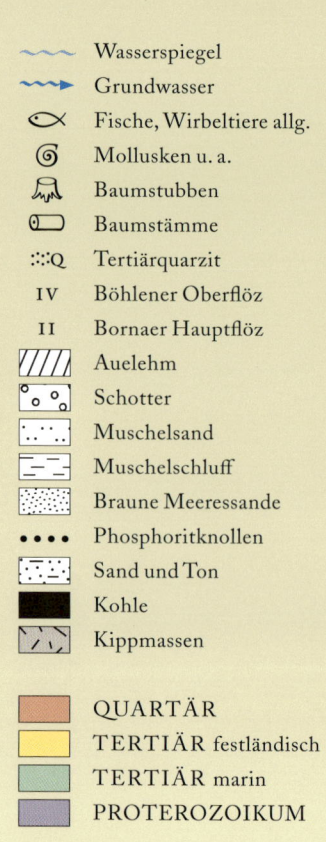

〰️	Wasserspiegel
➡️	Grundwasser
⬡	Fische, Wirbeltiere allg.
⬠	Mollusken u. a.
	Baumstubben
	Baumstämme
:::Q	Tertiärquarzit
IV	Böhlener Oberflöz
II	Bornaer Hauptflöz
	Auelehm
	Schotter
	Muschelsand
	Muschelschluff
	Braune Meeressande
••••	Phosphoritknollen
	Sand und Ton
	Kohle
	Kippmassen
	QUARTÄR
	TERTIÄR festländisch
	TERTIÄR marin
	PROTEROZOIKUM

Geologischer Nord-Süd-Schnitt durch den Cospudener See
Entwurf: EISSMANN und PESTER

Schaffung von Landschafts- und Erholungsseen für die touristische Nutzung und Freizeitgestaltung, die Wiederherstellung des sich selbst regulierenden Wasserhaushaltes sowie die Verkürzung des Flutungszeitraumes anstrebt.

Die unter dem Aspekt der Standsicherheit betriebene Böschungsgestaltung hat dem See viel von seiner Landschaftsdynamik aus der Endphase des Tagebaues genommen. In den 7 km langen Strandbereichen des gewachsenen Bodens wurden die Böschungen auf eine Neigung von 1:10, außerhalb der Strandbereiche auf der Ostseite des Restloches auf 1:4 bis 1:8 abgeflacht, wie das generell unterhalb der Wasserwechselzone der Fall ist. Im Südwesten existieren auch noch steile, den See kliffartig überragende Uferzonen, die die Morphologie beleben und zum individuellen Bad einladen. Die Unterwasserböschungen fallen also relativ steil ein, was den Bewuchs der Uferzone erschwert und den künftigen Schilfbewuchs über lange Zeiträume auf einen schmalen Gürtel begrenzt. Im südlichen Bereich des Sees steht Kippenmaterial an. Hier beträgt die generelle Neigung unter der Schwankungszone des Wasserspiegels 1:6, in ihr und darüber 1:10.

Der Endwasserspiegel des Sees wird im langjährigen Mittel bei +110 m NN liegen, also rund 2–4 m unter Geländeoberfläche, und +110,5 m NN nicht überschreiten. Die vorgegebene Maximalhöhe des Wasserspiegels ist durch eine nachsorgefreie Einbindung des Sees in den Floßgraben gesichert. In längeren Trockenperioden ist es möglich, daß der Wasserstand von +110 m NN saisonal unterschritten wird und der Auslauf trocken fällt.

Im November 1992 wurden die Pumpen, die den Tagebau von Wasser frei hielten, abgestellt. Damit begann die Füllung des wannenartigen Hohlraums. In den ersten Jahren handelte es sich um Grundwasser aus dem natürlichen Dargebot des Einzugsgebietes und aus Uferfiltrat der 500 bis 800 m westlich des Sees vorbeiführenden Weißen Elster, das auch Grundwasserqualität besitzt. Tausende Kubikmeter Wasser traten viele Jahre am Westrand an der Grenze der Auenschotter zu den darunter liegenden stauenden tonigen braunkohlenzeitlichen Meeressedimenten in Form von Einzelquellen und Quellbändern aus. Sie bildeten zunächst Rinnsale, die sich gelegentlich zu Sturzbächen vereinten und tiefe Schluchten in die Tagebauwand schnitten. Im Winter erstarrte das austretende Grundwasser oberflächlich zu gletscherartigen Eisbahnen, an Geländestufen zu bizarren Eiskaskaden, die im Kleinen an die berühmten Kalksinterterrassen des nordamerikanischen Yellowstoneparks erinnerten. Zwischen dem 1. Oktober 1994 und dem 31. März 1995 wurden dem See zusätzlich täglich rund 5 000 m³ Wasser aus dem Tagebau Zwenkau zugeführt. Nach einer kurzen Unterbrechung der Fremdwassereinspeisung begann am 11. Oktober 1995 die kontinuierliche Flutung. Bis zum Erreichen des geplanten Seewasserspiegels im Jahre 2000 wurden täglich rund 65 000 m³ aus dem rund 25 km entfernten Tagebau Profen eingeleitet (vgl. S. 18). Die Anstiegsgeschwindigkeit betrug in dieser Zeitspanne rund 4,3 m/Jahr. Ohne die Zufuhr von Fremdwasser hätte sich die Wasserfüllung des Restloches bis zum Jahre 2025 erstreckt.

Bei einem Wasserstand von +110 m NN besitzt der Cospudener See eine Fläche von 4,2 km², ein Wasservolumen von 107 Mill. m³, eine mittlere Tiefe von 35 bis 45 m und eine maximale von 54 m. Die Strandlänge beträgt 12 km. Von der Wasserfläche verdunsten unter mittleren meteorologischen Bedingungen ungefähr 0,55 m³/min oder 800 m³/Tag Wasser bei einem jährlichen Mittelwert der Wasserzehrung, d.h. der über die Niederschlagsmenge hinausgehenden Verdunstung, von 72 mm von der freien Wasseroberfläche. Unter extrem warmen und trockenen Bedingungen kann die Verdunstungsmenge bis zu 11 m³/min oder 16 000 m³/Tag Wasser bei einer monatlichen (Hochsommer-)Zehrung von 125 mm betragen und damit Wasserstände von unter +110 m NN hervorrufen. Das in der

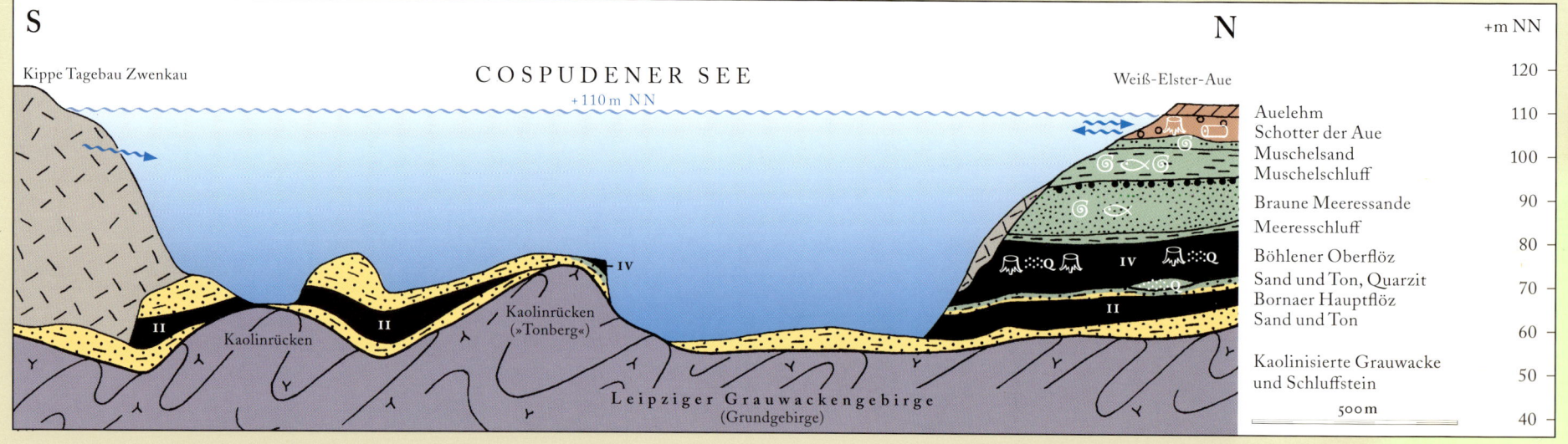

Zeit der Wasserhaltung dem Tagebau vor allem aus Südwesten zugeflossene Grundwasser strömte noch vor Ende der Seefüllung wieder nach Norden ab. Wenn in einigen Jahren bis Jahrzehnten der gewachsene Boden östlich des Sees und die Kippmassen südlich des Sees wieder mit Grundwasser gefüllt sind, wird ein mäßiger Grundwasserstrom aus östlicher, ein sehr geringer aus südlicher (Kippe) und ein starker aus südwestlicher und westlicher Richtung in den See eintreten. Bei niedrigen Grundwasserständen wirkt der See als Puffer und gibt Wasser an den Untergrund ab.

Das während der mittleren Füllungsphase des Cospudener Sees schwach saure Wasser, mit der Tendenz einer gewissen Versauerungszunahme zum Südrand hin, wo Kippenwasser zufließt, wird mit der Zufuhr des karbonatreichen und auch sonst gut gepufferten Grubenwassers aus Profen einen neutralen Zustand erreichen (vgl. hierzu S. 17). Dieser ist auch für die Zukunft zu erwarten, da der Zufluß chemisch neutralen Grundwassers absolut dominiert. Der Eisengehalt ist mit rund 1 mg/l niedrig. Für ein wünschenswert geringes Wachstum von Pflanzen wichtig ist der nachgewiesene niedrige Gehalt an gelöstem Phosphor. Der Cospudener See erfüllt physikalisch, chemisch und biologisch alle Kriterien eines guten Badegewässers.

Der Braunkohlentagebau Espenhain

Mit einer Fläche von 39,73 km² zählt der Tagebau Espenhain zu den großen anthropogenen Eingriffen in die obere Erdkruste Europas. Er hinterläßt in der zentralen Leipziger Tieflandsbucht dauerhaft vier morphologische Dominanten: den Markkleeberger und Störmthaler See, die sie im Nordosten bis über 30 m überragende, rund 7 km lange Markkleeberg-Störmthaler Geländestufe und die Hochhalde Trages. Aufgabe des Tagebaues war die Versorgung des zwischen 1938 und 1942 errichteten Braunkohlenveredlungswerkes Espenhain mit angeschlossenen Brikettfabriken, mit Kraftwerk, Schwelerei und den nachgeschalteten Chemiebetrieben Schwefelgewinnung, Rohsäurefabrik und Teerverarbeitungsanlage. Vorrangige Bedeutung unter dem Blick des heraufziehenden und begonnenen Krieges besaßen die Gewinnung von Treibstoffen und Leicht- und Schwerölen.

Dem Ureinschnitt entsteigt eine dauerhafte Landmarke – die Hochhalde Trages

Die Aufschlußtätigkeit beginnt 1937 mit der Abteufung von Entwässerungsschächten. Mit der probeweisen Inbetriebnahme der Förderbrücke im November 1944 sind die Arbeiten an der Aufschlußfigur nordwestlich von Espenhain praktisch abgeschlossen. Bis dahin wurden 68 Mill. m³ Massen gewonnen, bei einem maximalen Höhenunterschied von 118 m 6 bis 8 km transportiert und auf einem etwa 2 km² großen, nahezu kohlefreien Gebiet auf Mölbiser Flur zur Halde Trages aufgeschüttet. Bis 1948 werden weitere 12 Mill. m³ Abraummassen aus Tiefschnitten des Tagebaues und in der folgenden Zeit auf einer zusätzlichen Fläche von rund 1,3 km² Kraftwerksasche und Kohlerückstände verkippt. Die Massen aus dem Tagebau bestehen aus einem wechselhaften Substrat, nämlich zu 20 % aus eiszeitlichem Geschiebelehm und -mergel, Sand und Kies und zu rund 60 % aus braunkohlenzeitlichem schwefeleisenreichem Feinsand, Ton und Schluff sowie zu ca. 20 % aus gleichaltem Sand und Kies mit Ton. Im Jahre 1950 beginnen erste Aufforstungsmaßnahmen. Es werden 40 verschiedene Baum- und Straucharten gepflanzt. Über natürliche Samenverbreitung erhöht sich die Zahl bis 1964 auf 77 Arten. In verhältnismäßig kurzer Zeit entwickelt sich die wenig gestörte Haldenlandschaft zu einem artenreichen Biotop. In den 1990er Jahren werden 73 Brutvogelarten, 30 Vogelarten als Durchzügler, Nahrungs- und Wintergäste, 8 Amphibienarten (Feuchtbiotope auf tonigem Untergrund und an Wasseraustrittsstellen), 2 Reptilienarten, 7 Libellen- und Heuschreckenarten sowie 241 Blütenpflanzen registriert. Die sich bei einer absoluten Höhe von +231 m NN rund 60 m über die Umgebung tafelbergartig erhebende Halde bildet heute die bedeutendste Landmarke des Leipziger Tieflandes. Bei guter Sicht gewährt sie einen Blick nach Süden bis in das obere Erzgebirge und Vogtland, nach Nordosten bis zum Oschatzer Collmberg und nach Nordwesten bis zum Harz. Die Halde ist als exponiertes Element der Bergbaufolgelandschaft für Erholungszwecke und naturkundliche Studien durch Wege, Rastplätze, Aussichtsturm und Beobachtungsstationen erschlossen.

Im Tagebau kamen Brücken-, Zug- und Bandtechnologie zum Einsatz. Fördertechnisch wie optisch den absoluten Mittelpunkt bildete die in den Kriegsjahren errichtete **Förderbrücke**. Bei einem Gewicht von 14 000 Tonnen und einer Länge von 545 m, mit Auszug von 590 m, war sie bis in die 1970er Jahre die größte ihrer Art in Europa. Ihre Förderleistung pro Stunde betrug 5 000 m³. Von ihrer amtlichen Inbetriebnahme am 15. April 1945 bis zur Stillegung am 30. April 1994 förderte sie 1159 Mill. m³ Abraummassen. Am 7. Mai 1997 erfolgte ihre Sprengung.

Seit der ersten Kohleförderung am 27. Oktober 1939 und der letzten Kohlegewinnung bzw. des »allerletzten Kohlezuges« am 27. Juni 1996 wurden 565 Mill. Tonnen Rohbraunkohle gewonnen. Um die Kohleflöze freizulegen, mußten 1 706 Mill. m³ Abraummassen (Deck- und Zwischenschichten) abgehoben und bewegt werden. Das Gesamtvolumen betrug 2 206 Mill. m³. Die mittlere Tiefe der Bodenzerstörung auf der rund 40 km² großen Fläche lag bei 55 m, die maximale bei 80 bis 90 m. Plastischer wird das Bild von der Größenordnung der bewegten Massen, wenn man sich einen Quader mit der Basisfläche von 1 km² vorstellt. Dann betrüge seine Höhe 2,2 km. Oder man denke an einen See, der 25 km lang, 10 km breit und 10 m tief ist.

Verbindung zwischen Cospudener See und Waldsee Lauer

Zwei Flöze unter mächtigen Meeres- und Gletscherablagerungen

Der Tagebau erschloß (vgl. Abb. S. 14/15) die zwei wichtigsten Braunkohlenflöze der zentralen Leipziger Tieflandsbucht, das 3 bis 11 m, im Mittel 7,5 m mächtige Bornaer Hauptflöz (regional das »Unterflöz«) und das 6 bis 12 m, im Mittel 7,8 m mächtige Böhlener Oberflöz (das »Oberflöz«), deren Mächtigkeit nach Norden ab- bzw. zunahm. Unter dem Bornaer Flöz liegt in der Regel ein Ton, der von 2 bis 15 m mächtigen mittel- bis grobkörnigen Sanden mit bis vier Toneinlagerungen durchzogen wird. Dieser Grundwasserleiter 5 wird von Kaolin unterlagert, der in festen Fels aus Leipziger Grauwacke und Tonstein übergeht. Beide Flöze waren durch eine 3 bis 12 m mächtige Zwischenschicht aus Sand und Ton (Grundwasserleiter 3) getrennt. Es handelt sich um Fluß-, oben auch um marin beeinflußte Ablagerungen. Die Kohle enthielt im Mittel 52 % Wasser, auf wasserfreie Substanz bezogen 11 bis 17 % Asche und 15 bis 18 % Teer (Verschwelung!). Das Böhlener Oberflöz war von 30 m (Westen) bis über 50 m (Nordosten) Meeressedimenten bedeckt, den sog. Böhlener Schichten. Sie lassen sich über einem geringmächtigen Kieslager grob gliedern in eine untere braune bis braungraue Sandfolge (kurz Braune Folge oder Grundwasserleiter 2.7 und 2.6) mit regional zwei bis drei Schluffbänken und einem geringmächtigen, 1 bis 2 m starken unreinen, nicht abbauwürdigen Kohleflöz, dem Flöz Y, an deren Oberkante ein fossilreiches Pflaster aus Phosphoritknollen liegt, eine 4 bis 8 m mächtige schluffig-tonige, oft fossilreiche Schicht, den Muschelschluff oder Septarienton, der bis über 1 m lange und bis ½ m dicke Kalksandsteinknollen führt, und eine obere Sandfolge (Grundwasserleiter 2.5), den sog. Grauen und Kaolinischen Formsand. Auf einer Abwaschung schräg aufgelagert finden sich ganz im Nordosten Ausläufer von sandig-kiesigen Ablagerungen und Tonen der Thierbacher Schichten. Die braunkohlenzeitlichen Schichten werden von eiszeitlichen Ablagerungen bedeckt, die im Nordosten (Güldengossa, Störmthal) eine Mächtigkeit bis 40 m erreichen. Alte Flußschotter der Wyhra, des Großpösnaer Flusses, eines Arms der Zwickauer Mulde und der Saale (Grundwasserleiter 1.8) bilden die Basisschichten. Darüber lagern in komplizierter Weise Fluß-, Schmelzwasser-, Glazialsee- und Gletscherablagerungen der Elster- und Saaleeiszeit. Hauptschichten sind zwei bis vier an der Basis des Inlandeises entstandene Grundmoränen und zwei weit verbreitete Bändertone, der Dehlitz-Leipziger Bänderton an der Basis und der Wachauer Bänderton in der Mitte der Gletscherablagerungen. Die sandig-kiesigen Horizonte bilden die Grundwasserleiter 1.3 bis 1.6. Als besondere Hindernisse geologischer Natur auf dem Wege zur Kohlegewinnung erwiesen sich zu unregelmäßig nester- bis plattenartigen, gelegentlich betonharten Körpern verkieselte Sande (Quarzite) unter dem Böhlener Oberflöz und verkieselte Baumstubben und -stämme von Mammutbäumen sowie Quarzite im oberen Flözdrittel. Die genannten Kalksteinknollen und schließlich Hunderte von skandinavischen Geschieben oder Findlingen bis mehrere Kubikmeter Größe aus Granit, Gneis und Kalkstein zählten zu den »Ärgernissen« des Bergmanns über der Kohle. Die notwendigen martialischen Maßnahmen zur Beseitigung der Hindernisse ließen am Tage Luft und Boden bis ins Zentrum von Leipzig erzittern.

Geologischer Ost-West-Schnitt durch den Markkleeberger See
Entwurf: E<small>ISSMANN</small> und P<small>ESTER</small>
Legende – siehe S. 12

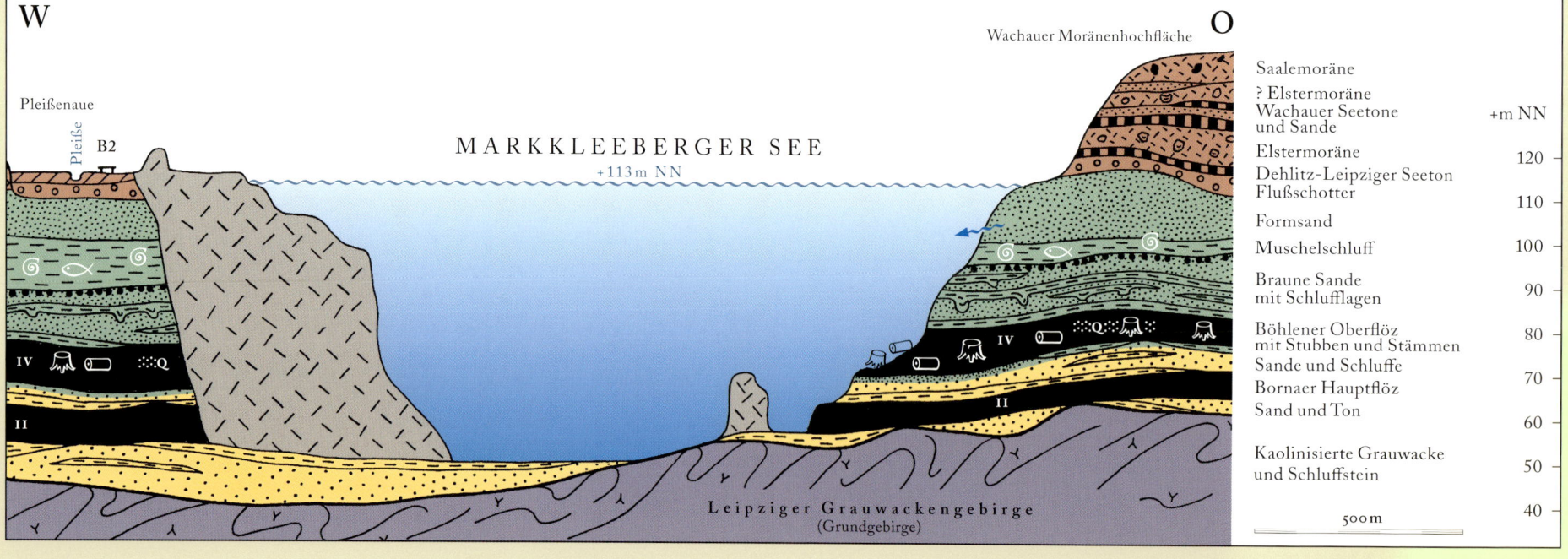

Das Deckgebirgs- zu Kohleverhältnis war in den ersten Jahrzehnten günstig und betrug im sog. Westfeld im Mittel 3,5:1, beim Einschneiden in die Hochfläche östlich der Pleiße, in das Ostfeld, 5 bis 7:1. Hinsichtlich der Wasserförderung zählte der Tagebau zu den noch moderaten der Leipziger Bucht. Sie betrug ca. 50 000 m³/Tag, davon entfiel der größte Teil auf Grundwasser, das durch Tiefbrunnen gehoben wurde. – Es war eine Erweiterung des Tagebaues nach Nordosten über einen Teil des Oberholzes bis in den Raum von Großpösna vorgesehen. Hier wird mit einer Kohlereserve von rund 500 Mill. Tonnen gerechnet.

Markkleeberger und Störmthaler See

Mit Einstellung der Kohleförderung endeten Baggertätigkeit und Massenbewegung noch lange nicht. Die plötzliche Stillegung des aktiven Tagebaubetriebes führte im Gegenteil zu einem neuen Aufschwung. In nie gekannter Intensität begannen Sanierungsmaßnahmen mit dem Ziel, eine möglichst nachsorge- und gefährdungsfreie Bergbaufolgelandschaft zu gestalten. Dazu zählen die Herstellung einer unter dem künftigen Wasserspiegel des Störmthaler Sees liegenden ausgedehnten Brückenkippenfläche, einer breiten Stützkippe längs der Bundesstraße 2 und der Landbrücke, die die beiden Tagenbaurestseen voneinander trennt und die in Bau befindliche Trasse der Bundesautobahn 38 (Südumgehung Leipzigs) trägt. Von den Böschungen der Resthohlformen einschließlich der Seen werden eine hohe Standsicherheit, eine geringe Erosionsgefährdung gefordert und streckenweise Maßnahmen, die einen positiven Einfluß auf die Wasserqualität der Seen nehmen, wie das Aufbringen kalkhaltigen Materials (Geschiebemergel) auf Kippen und Böschungen. Zur Einrichtung einer Wasserwechselzone des Störmthaler Sees machte sich die Schließung eines Teils des nördlichen Brückenrandschlauches unterhalb der Ortslagen Güldengossa und Störmthal erforderlich. Für diese und weitere Maßnahmen wurden in der Zeitspanne vom 3. Januar 1994 bis 31. Mai 2001 rund 54 Mill. m³ Sanierungsabraum, vor allem Brückenkippenmaterial, gewonnen, gefördert und verstürzt.

Spätestens hier darf nicht länger verschwiegen werden, daß die den Bestimmungen verpflichteten Sanierungsmaßnahmen zwischen Markkleeberg und Störmthal eine Bergbaulandschaft nicht nur von hohem ästhetischem Reiz ausgelöscht haben, sondern auch mit symptomatischen wissenswerten Erscheinungen des übertägigen Bergbaus, von Geologie, Hydrologie und Bodenmechanik bis zur Wiederbesiedlung einer devastierten Landfläche durch Flora und Fauna. Viele Reflexionen von erfahrenen Besuchern aus allen Erdteilen zu dieser Bergbaulandschaft vor ihrer Umgestaltung könnten genannt werden. Ein bekannter Sibirienforscher sprach von einem »anthropogenen Erdwunder zwischen Wladiwostok und dem Atlantik«, von einem »einmaligen anthropogenen Landschaftsmuseum mit hohem Bildungswert«, dessen Besuch künftig zum Standard naturkundlicher und kulturgeographischer Exkursionen in Mitteleuropa zählen wird, wie heute der obligatorische Besuch von Badlands in den USA. Nun bleiben wenigstens am Rande der Seen und auf Inseln Relikte des greifbar nahe gewesenen großen Freilandmuseums anthropogener Erdveränderungen erhalten.

Geologischer Nord-Süd-Schnitt durch den künftigen Störmthaler See
Entwurf: EISSMANN und PESTER
Legende – siehe S. 12

Der **Markkleeberger See** füllt den westlichen Abschnitt des bis Ende des Tagebaubetriebes offen gehaltenen, fast 8 km langen Kohleabbau- und Brückenrandschlauches. Er besteht aus zwei Teilbecken, dem Markkleeberger und dem Auenhainer, die über die gesamte Wassertiefe verbunden sind. Die 1,2 km lange Beckenachse des ersteren verläuft nahezu West–Ost, die des zweiten Nordwest–Südost. Der See reicht von der Pleißenaue mit einer Geländehöhe von rund +113,5 m NN nach Osten bis zum Autobahndamm südlich von Auenhain. Bis dahin besteht die nördliche Böschung aus gewachsenem Boden, der vor allem aus Grundmoränen aufgebaut ist. Bei Geländehöhen der Hochfläche von rund +140 bis 144 m NN überragt sie den See rund 30 m. Im Westen grenzt der See an eine aus Kippmassen bestehende Stützwand (vgl. den geologischen Schnitt S. 14), im Süden an die Förderbrückenkippe.

Der 2006 erreichte Seewasserspiegel liegt bei +113 m NN. Die endgültige Seefläche beträgt dann 2,55 km², die Uferlänge 9,5 km, das Wasservolumen 60,3 Mill. m³, die maximale Seetiefe 63 m und die mittlere rund 25 m. Der See zählt damit zu den tiefsten der entstehenden Tagebaurestseen um Leipzig. Das Epilimnion, also die im Sommer gut durchwärmte obere Wasserschicht, wird rund 10 m, die lichtreiche oder euphotische Zone wohl gegen 20 m betragen. Der Flachwasseranteil bis 2 m sowie von 2 bis 5 m macht zusammen 20 % der Seefläche aus. In Verbindung mit der guten Lichtdurchlässigkeit des Wassers bietet der See auf einer beträchtlichen Fläche Unterwasserpflanzen einschließlich Plankton relativ gute Besiedlungsbedingungen. Das oberirdische Einzugsgebiet des Sees beträgt ca. 10 km². Der größere Teil dieser Fläche liegt auf Kippengelände, das der Forstwirtschaft und spontanen Renaturierung (Sukzession) vorbehalten ist. Das dem See zufließende oberirdische Wasser bildet für die Seewasserqualität keine stärkere Gefahrenquelle.

Der **Störmthaler See** wird in seiner Endstellung 2011 mit einer Fläche von 7,65 km² dreimal so groß sein wie der Markkleeberger See. Das ist ein Fünftel der gesamten Tagebaufläche. Der Wasserspiegel liegt dann bei +117 m NN und die größte Wassertiefe bei 52 m. Die gespeicherte Wassermenge wird einmal 155,3 Mill. m³ betragen. Damit zählt er künftig zu den fünf größten und tiefsten Seen des Leipziger Seenlandes. Die gewundene Führung der über 20 km langen Uferlinie, die Hochufer vor allem im Norden, die den Seespiegel bis 35 m überragen, die Wechselhaftigkeit des Lockergesteins, das sie aufbaut, und die zu erwartende Variabilität der Vegetation in der Ufer- und Hangregion werden den See und sein näheres Umfeld zugleich zu den anmutigsten und attraktivsten der Region machen.

Gleicht der Markkleeberger See in seiner Überwasser- und Unterwassermorphologie einem stark übertieften glaziären wannenartigen Ausschürfungssee oder einem gedrungenen Rinnensee, so wird sein Zwillingsbruder, der Störmthaler See, den Besucher an einen kombinierten Rinnen- und Wannensee erinnern. Im Nordosten füllt der See den zuunterst zur Stabilisierung der Böschung mit Kippmassen verfüllten Förderbrückenrandschlauch, die über Jahrzehnte am Grunde mit kleinen Seen und Tümpeln bedeckte wildromantische Schlucht zwischen der steilen landseitigen Böschung aus gewachsenen Schichten und der Förderbrückenkippe mit ihren steil zur Schlucht abstürzenden bis 15 m hohen, in Selbstbegrünung befindlichen Rippen. Im Südosten bedeckt der See als tiefe Furche den Arbeitsgraben der Förderbrücke und der Kohlenbagger. Von hier nach Nordwesten zu wird eine große Fläche abgetragener Sturzkippe überflutet, die subaquatische »Plattform« des Sees, über der sich ein umspülter Rest der Förderbrückenkippe erhebt, die Göhrener Insel als Sukzessionsareal. Rinnenartig, spitz auslaufend, schiebt sich schließlich die Wasserfläche 3,5 km nach Südosten in Richtung Espenhain vor, dem Ersteinschnitt (1938/44) und der Kohleausfahrt des Tagebaues folgend. Das gesamte Westufer grenzt an Kippmassen aus ganz überwiegend schluffigen feinkörnigen Sanden, umgelagerten marinen Sedimenten. Der größere Teil des Ost- und Nordufers besteht aus noch anstehenden, gewachsenen marinen Feinsanden mit Schluffbänken. Der künftige Besucher wird also an einem Strand aus Sand baden und ruhen, der vor rund 35 Millionen Jahren am Grund und südlichsten Rand der oligozänen Urnordsee abgelagert wurde. Die oberen Hangabschnitte werden im wesentlichen von eiszeitlichen Ablagerungen gebildet, kiesigen Sanden und steinigen Lehmen (Moränen) des elster- und saaleeiszeitlichen Inlandeises (vgl. den geologischen Schnitt S. 15).

War der Cospudener See mit im Expojahr Maßstäbe setzenden Rekultivierungsstandards in seinen landschaftlichen, wirtschaftstouristischen wie wassersportlichen Dimensionen bei Erscheinen der ersten Auflage dieses Buches schon überschau- und erlebbar, haben das Gesicht des Markkleeberger und Störmthaler Sees und ihrer nächsten Umgebung seit Frühjahr 2002 wesentliche Änderungen erfahren. Dem Besucher werden sie besonders ins Auge fallen im Bereich der Seepromenade in Markkleeberg-Ost, am Aussichtspunkt Auenhain, der den Blick von West bis Ost freigibt, und vom Aussichtspunkt Störmthal. Hat sich durch die wannenartige Konfiguration die Fläche des Markkleeberger Sees nur wenig vergrößert – er ist vor allem in die Höhe gewachsen –, so gab es mit der Überflutung der »Plattform«, der eingeebneten Brückenkippe, im Bereich des Störmthaler Sees einen Quantitäts- und Qualitätssprung, indem das Wasser bis fast an seine Endküstenlinie transgredierte und nunmehr im wesentlichen nur noch steigt. Die seither vorgenommenen umfangreichen Abflachungsmaßnahmen des nordöstlichen Böschungssystems, der »Markkleeberger-Störmthaler Geländestufe«, haben dieser leider viel von ihrer ursprünglichen und natürlich wirkenden morphologischen Vielfalt genommen. Über den Hang und seinen Fuß verteilte Geotope und vor allem das Biotop »Orchideenwäldchen« werden diese bergbauliche »Ursprünglichkeit« zumindest punktförmig späteren Generationen überliefern.

Unter dem Anspruch »Tor zum Südraum« wird in Markkleeberg-Ost an der in Richtung Auenhain angelegten Seepromenade ein touristisches Kommunikations- und Informationszentrum der

Region mit archäologischer Erlebnisausstellung, Gastronomie und Tourismusgewerbe, Strandbad sowie Anlegestellen für Boote entstehen (zum großen Gewässerverbund in der Leipziger Region siehe S. 100 f.). Am Sport- und Freizeitareal Auenhain ist die Kanu-Wildwasseranlage im Bau. Das Südufer des Markkleeberger Sees und die Getzelauer Insel bleiben der natürlichen Wiederbesiedlung vorbehalten. Im dortigen Wanderwegenetz bietet die Crostewitzer Höhe einen markanten Ruhe- und Aussichtspunkt.

Der Gewässerverbund Markkleeberger See–Störmthaler See wird wegen deren unterschiedlichen Wasserspiegelendhöhen mit einem Schleusenbauwerk realisiert und von der Autobahn A 38 überbrückt. Der Verbindungskanal wie auch der Bergbau-Technik-Park nahe der Landbrücke zwischen den Seen, dessen Geräte wie überdimensionale Spinnen oder monumenthafte Dinosaurier aus dem Erdmittelalter in den Himmel ragen, verklinken gewissermaßen beide Seen, die nun aus einer geradezu infernalen, für Bruchteile von Sekunden der Erdgeschichte menschengeprägten Landschaftseinheit des Tagebaues Espenhain (vgl. Bild S. 53) als Augen der Landschaft hervorgehen. Am Störmthaler See zeichnen sich eindrucksvolle Landschaftsbereiche ab, so das 30 m hohe Ufer unterhalb der Ortschaft Störmthal bis hin zum einmündenden Schlumperbach, die mehrere hundert Meter lange Steilböschung am Orchideenwäldchen unterhalb Güldengossa und die »Magdeborner Halbinsel« mit der angrenzenden »Grunaer Bucht« im Südteil des Sees, wo der Yachthafen und entlang dem weit nach Süden ausgreifenden Wasserschlauch ein Feriendorf projektiert sind. Die bereits gestaltete und begrünte Südböschung des Störmthaler Sees mit den Landschaftskunstwerken »Versteinerte Zeit« und »Schmetterling« sollen in einen erdgeschichtlichen Zeitpfad an beiden Seen eingebunden werden. Im Rahmen der Initiative »Kunst statt Kohle« wird das Projekt »Vineta« als schwimmende Kirche südöstlich der Göhrener Insel an die überbaggerten Göseldörfer und die Magdeborner Kirche erinnern.

Wasserbewegung und Flutung

In den vom Tagebau Espenhain erschlossenen und angrenzenden Feldern sind bis zu zehn über- und nebeneinanderliegende Grundwasserleiter entwickelt. Sie wurden auf S. 14 kurz genannt. Das Oberflächenwasser und das Grundwasser über der Braunkohle flossen früher konsequent der Pleiße und Gösel als tiefsten Entwässerungsbahnen bzw. Vorflutern der Region zu. Der Aufstiegsweg des tieferen Wassers, vor allem des sandig-kiesigen Grundwasserleiters unter und zwischen der Braunkohle, war durch Kohle und Tone blockiert, so daß sich ein hoher Wasserdruck aufbaute. Es ist zu vermuten, daß vor dem Eingriff des Menschen das Tiefenwasser so stark gespannt war, daß es bei einem Anschnitt durch Bohrungen artesisch zutage getreten wäre. Zur Trockenhaltung des Tagebaues bis zur tiefsten Arbeitsebene wurden die Grundwasserleiter durch viele hundert Filterbrunnen am Tagebaurand entwässert bzw. entspannt. In den 1980er Jahren betrug die Wasserförderung aus Filterbrunnen rund 18 bis 20 Mill. m³/Jahr oder rund 50 000 m³/Tag. Der Tagebau lenkte den gesamten unterirdischen Wasserstrom des weit nach Osten und Südosten reichenden Einzugsgebietes auf sich. Mit dem Ende der Wasserhaltungsmaßnahmen füllen sich der Porenraum der in Form eines riesigen Trichters entwässerten Schichten und die im Tagebau verbliebenen offenen Hohlräume. Besäße das mit Wasser sich füllende Tagebaurestloch, der kommende See, keinen oberirdischen Abfluß zu einem Vorfluter, stellte sich nach Jahren ein Wasserspiegel ein, der im Niveau der Grundwasseroberfläche des benachbarten oder angeschnittenen höchsten stärkeren Grundwasserleiters liegt. Das wäre im Falle des Störmthaler Sees um +118 bis 120 m NN. Da beide Seen durch einen Kanal verbunden werden und der Markkleeberger See an die Kleine Pleiße angeschlossen wird, tritt das in einigen Jahrzehnten vorwiegend aus Grundwasser des Einzugsgebietes bestehende Seewasser wieder in den größeren Kreislauf ein, wie vor dem Bergbau, nur mit einem um viele Kilometer verkürzten Sickerweg. Der See schließt wie der Tagebau auf unabsehbare Zeit die angeschnittenen Grundwasserleiter kurz. Er kommandiert künftig weithin die Grundwasserbewegung des Hinterlandes, freilich gegenüber dem offenen Tagebau und der Filterbrunnenentwässerung stark gedämpft. Der Grundwasserspiegel der höheren Grundwasserleiter wird auf einem viele Quadratkilometer großen Areal im östlichen Vorland des Sees unter dem Niveau vor dem Eingriff des Bergbaues liegen. Da das Druckpotential, wenn auch reduziert, noch existiert, erscheint es möglich, daß dem See künftig sogar Tiefengrundwasser in bedeutender Menge zufließt und auf kurzem Wege über den See an die Pleiße abgegeben wird. Auch das in den an die Seen angrenzenden Kippmassen versickernde Wasser tritt zu einem Teil in nördlicher wie östlicher Richtung in die Seen ein. Doch hält die geringe Permeabilität der Kippensedimente die Menge in engen Grenzen. Als bleibender Nachteil für den Wasserhaushalt des Einzugsgebietes gegenüber der Zeit vor dem Eingriff des Bergbaues werden die wie überdimensionale Brunnen wirkenden Seen vor allem den unterirdischen Abfluß beschleunigen, die langzeitige kontinuierliche Verfügbarkeit des Grundwassers der Umgebung vermindern und schließlich auch zu einem Wasserverlust führen, bei wesentlich vermehrter Speicherung von Wasser in der Region.

Die Füllung von Tagebauseen mit Grundwasser auf natürlichem Wege vollzieht sich anfangs rasch, verlangsamt sich aber mit steigendem Wasserstand und der damit verbundenen Gefällsminderung des Zustroms beträchtlich. Beide Seen würden ihren Endwasserspiegel erst nach der Mitte des Jahrhunderts, frühestens 2060 erreichen. Aus geotechnischen und wasserchemischen Gründen, nicht zuletzt einer raschen Nutzung wegen, werden, wie vorher in Cospuden, auch diese beiden Tagebaurestlöcher mit Fremdwasser geflutet. Seit dem 20. Juli 1999 wird dem **Markkleeberger See** Grundwasser aus dem Braunkohlentagebau Profen zugeführt. Am Anfang betrug die Menge 30 000 m³/Tag, seit dem Jahre 2000 rund 45 000 m³/Tag. Der Endwasserstand bei +113 m NN wird im Jahre 2006 erreicht sein. Im **Störmthaler See** wurde im Frühjahr des Jah-

Werdender Markkleeberger See mit Kraftwerk Lippendorf

res 2000 mit der Stillegung der Reinigungsanlage die Grubenwasserhaltung (Niederschlags- und Sickerwasser) endgültig eingestellt. Zusammen mit einem Teil des noch geförderten Filterbrunnenwassers fließen dem Restloch nunmehr ca. 3 500 m³ pro Tag zu. Im Jahre 2003 begann die Hauptflutung mit der Einspeisung von 15 000 bis 20 000 m³/Tag Grundwasser aus dem Tagebau Profen. Ab 2007 wird die Menge auf 70 000 m³/Tag gesteigert, indem zusätzlich Grundwasser aus dem Tagebau Schleenhain zugeführt wird. Der vorgesehene stationäre Strömungszustand bei +117 m NN soll spätestens am Ende des Jahres 2011 erreicht sein.

Wasserqualität und Status der Seen

Versauerungspotential

$$FeS_2 + 3,5\,O_2 + H_2O \rightarrow Fe^{2+} + 2\,SO_4 + 2H^+$$

Eisensulfid + Sauerstoff + Wasser → gelöstes Eisen (II) + Schwefelsäure

Austretendes saures, eisenreiches Kippenwasser

Die Wasserbeschaffenheit von Seen, natürlichen wie Tagebauseen, ist zumindest in der Anfangsphase in hohem Maße von den Stoffströmen abhängig, die aus dem Einzugsgebiet zugeführt und aus den Seebecken wieder abgeleitet werden. Das normalerweise aus oberflächennahen Grundwasserleitern und künstlich nicht stärker kontaminierten Flüssen und Bächen sowie deren Uferfiltrat zufließende Wasser ist pH-neutral und mäßig bis mittelstark mineralisiert. Die tieferen, braunkohlenzeitlichen, vor allem marinen Schichten jedoch führen in erheblichen Mengen fein verteilte oder zu haselnuß- bis apfelgroßen Konkretionen zusammengewachsene Eisensulfide in Form von Markasit und Pyrit. Dazu kommen weitere Schwefelverbindungen und reiner Schwefel. Bei der Belüftung der gewachsenen Schichten durch Grundwasserabsenkung sowie bei Baggerung und Versturz und in die Kippmassen einsickerndem Niederschlagswasser entsteht durch Oxidation in der Bodenfeuchte Schwefelsäure. In Kippmassen zirkulierendes Wasser kann einen so hohen Säuregrad erreichen, daß es Schuhwerk und Kleidung in kurzer Zeit zerstört. Über das Sickerwasser oder das sich hebende Grundwasser gelangen die Säure und anderes Versäuerungspotential wie gelöstes zweiwertiges Eisen und Aluminium, aber auch andere Metalle, in die Seen. Sie führen daher in der Initialphase oftmals ein stark bis mäßig saures Wasser (pH-Wert 3,5 bis 6).

Was die an die Seen angrenzenden mächtigen Kippmassen betrifft, noch einige wenige Bemerkungen. Es sind gegenwärtig und noch längere Zeit chemisch quasi »gärende« Erdmassen mit einer Zusammensetzung, die chemische Prozesse in Gang setzen, teils beschleunigen, teils hemmen oder ihre Wirkungen sogar wieder aufheben können. Das Kippenwasser ist durch Abdeckung der Kippen mit absorptionsfähigem, vielfach karbonathaltigem Mineralboden, einen hohen Kalkgehalt verstürzter mariner Sedimente wie Muschelschluff und Muschelsand und nicht zuletzt durch die in den Kippmassen ablaufenden reduktiven und Pufferungsprozesse – N. Hoth (2000) spricht in diesem Zusammenhang von einem »wirksamen Selbsthilfemechanismus« – auf dem Weg intensiver Neutralisation und Wiederfestlegung mobilisierter Verbindungen (Metalle). Die tieferen Kippenwässer sind teilweise schon gipsgesättigt und stark Hydrogenkarbonat führend. Der hohe Feinkornanteil macht die Kippe zu einem »Schwamm« mit vereinzelten Wasserpassagen. Die den Seen zufließende Wassermenge ist daher im Verhältnis zum künftigen Grundwasserstrom aus dem gewachsenen Gebirge gering.

Fremdwasser

Eine rasche Flutung mit möglichst gut gepuffertem Wasser, d. h. mit einem Chemismus, der bei Zufuhr begrenzter Mengen an starken Säuren den pH-Wert praktisch konstant hält oder direkt zur Neutralisierung der Säuren führt, beispielsweise durch einen höheren Gehalt an Kalziumhydrogenkarbonat, ist die physikalisch-technisch wie chemisch beste Maßnahme, der Versauerung entgegenzuwirken. Die Erosionsfläche und damit der mechanische Eintrag von Säurebildnern in den See werden verringert. Der schneller als das Grundwasser ansteigende Seewasserspiegel blockiert nicht nur einen Teil des Grundwasserzustroms; Flutungswasser dringt in den belüfteten Porenraum auch ein und neutralisiert die Säure des Sicker-, Haft- und Grundwassers.

Ein Glücksumstand für die Füllung der Tagebauseen um Leipzig ist die Tatsache, daß südlich einer bei Rötha in nordwest-südöstlicher Richtung verlaufenden geologischen Störung, auf der Nordwestsächsischen Tiefscholle mit mächtigem Anhydrit- und Karbonatgestein unter dem Flözgebirge, ein stark mineralisiertes Grundwasser mit einem relativ hohen Karbonatgehalt fließt. Dieses Tiefengrundwasser wird in den Tagebauen Profen und Schleenhain zur Sicherung des Kohleabbaus in bedeutenden Mengen gehoben. Das Wasser zeichnet sich bei einem neutralen pH-Wert (pH 7,3) durch eine hohe Alkalität (um 6 mmol/l) und eine hohe Sulfatkonzentration (um 11 mmol/l) aus. Es ist Wasser vom Ca-Mg-Na-HCO_3-Cl-Typ mit einer Gesamthärte von rund 70°DH, davon einer Karbonathärte von 15°DH und einem Sulfatgehalt von rund 1000 mg/l. Sehr gering sind die Gehalte an gelöstem reaktivem Phosphor und an Stickstoffverbindungen. Das gilt auch für organische Verbindungen. Schwermetalle, außer Eisen, treten nur in Spuren auf.

Das in mehreren Hundert Millionen Kubikmetern in die drei Seen eingeleitete Fremdwasser führt zu einer Neutralisierung des Grund- und Seewassers wahrscheinlich bis in eine Zeit, in der besonders das in den braunkohlenzeitlichen Grundwasserleitern entstandene saure Poren-, Sicker- und Grundwasser ausgeschleust sein wird und die Bildung von Schwefelsäure durch Erschöpfung des Oxidationspotentials nahezu wieder auf den geringen natürlichen Wert aus der Zeit vor dem Eingriff des Bergbaus zurückgegangen ist. Der während des Sommers vor allem durch Kohlensäureentzug aus dem Fremdwasser der Seen in großen Mengen ausgefällte Kalk bildet eine weitere Quelle langfristigen Säureabbaues.

Der Cospudener See führt nach Ende der Füllung und der Markkleeberger See in der noch anhaltenden Flutungsphase ein pH-neutrales, stabil hydrogenkarbonatgepuffertes Wasser. Das wird ohne Zweifel auch für den Störmthaler See während und nach seiner Füllung zutreffen. Eine bedrohliche Versauerungsgefahr besteht für alle drei Seen auch in der Zukunft nicht.

Schichtung der Seen

Die drei Seen werden zum Typus der dimikten stehenden Gewässer zählen, d.h. im Sommer aus einem geschichteten Wasserkörper bestehen, oben aus dem rund 10 m mächtigen durchwärmten Epilimnion und unten aus dem kühlen Hypolimnion mit relativ scharfem Übergang (Metalimnion). In allen drei Seen, vor allem aber im Cospudener und Markkleeberger See, überwiegt das Volumen des Hypolimnions deutlich. Im Frühjahr und Herbst erfaßt die Seen eine Umschichtung des Wassers. Sommer und Winter sind Stagnationsphasen. Nicht nur Wind, Sonneneinstrahlung und allgemeines Temperaturregime in Bodennähe, sondern auch zufließendes, relativ warmes Tiefengrundwasser (8 bis 10 °C) werden Zirkulation und auch Eisbildung beeinflussen, später vermutlich auch eine gewisse Dichteschichtung nach dem Gehalt an gelösten Stoffen. Die Nährstoffkonzentration wird niedrig bis mäßig sein, die Seen werden also einen oligotrophen bis mäßig mesotrophen Status besitzen. Die steilen Unterwasserböschungen verhindern eine galoppierende seewärtige Ausbreitung des Schilfgürtels wie überhaupt der feuchtigkeits- und wasserliebenden Pflanzengemeinschaften, doch werden sie ausreichende Entfaltungsmöglichkeiten vorfinden, um beständige Habitate für Wasservögel, Fischbrut und andere Organismen zu bilden. Den Schlüssel für den künftigen Zustand der Seen hält in erster Linie der Mensch in der Hand. Denn es hängt mehr davon ab, wie es dem Menschen der Nachbergbauzeit gelingt, Gefährdungspotential vom Nährstoffeintrag bis zum Nutzungsdruck gering zu halten, als von den negativen Wirkungen, die von geogenen Agenzien ausgehen, die der Bergbau aktiviert hat.

Das Wasser der Seen besitzt Badewasserqualität und könnte mit geringem Aufwand als Trinkwasser benutzt werden. Die Seen sind ein unschätzbarer Gewinn für die Landschaft und die gesamte Natur der Region. Sie werden ein Born sein der Erholung – für den Wanderer und Badenden, den Wassersportler und Angler und alle, die sich an einer neu entfaltenden Landschaft und ihrer belebten Natur erfreuen möchten und können.

Lebensdauer der Seen

Bleibt die Frage der Lebensdauer. Die geringe biogene Produktion hält die Sedimentation organischer Substanz in engen Grenzen. Mit der Bedeckung der Ufer- und Hangregion durch die Vegetation nimmt die Erosion minerogener Substrate und damit ihr Eintrag in die Seen stark und nachhaltig ab. Glazialseen im nördlichen Norddeutschen Tiefland mit ähnlicher morphologischer Konfiguration über und unter Wasser hatten durch kaltzeitliche Offenlandverhältnisse in den ersten Jahrtausenden ihrer Existenz ungünstigere Erhaltungsbedingungen als die Bergbauseen. Erosion in der Umgebung und damit Sedimenteintrag in die Seen waren beträchtlich. Auch die folgenden 10 000 Jahre Warmzeit mit intensivem Pflanzenwachstum innerhalb und außerhalb der Seen vermochte sie nicht auszulöschen, wenngleich alle auf uns gekommenen stehenden Gewässer nur noch Restseen sind. So erscheint uns eine Mindestlebensdauer der meisten Bergbauseen außerhalb der Auen von 15 000 Jahren durchaus realistisch. Viele werden wohl das doppelte oder ein noch höheres Alter erreichen. Seen wie der Cospudener See mit einer Lage in der Nähe aktiver Fließgewässer sind in ihrer Langzeitexistenz weit stärker gefährdet. Sollte die Weiße Elster in den kommenden Jahrhunderten einen Zugang zum See finden oder sogar in voller Breite einmünden, würde er zu einer gewaltigen Sedimentfalle. Seine Tiefe löste sogar einen bedeutenden Erosionsimpuls flußauf aus, so daß schon quasi fossilgewordenes Auensediment in Bewegung gebracht würde. Allein rund Dreiviertel der schätzungsweise 25 000 m³ Schwebstoff pro Jahr könnten sich im See absetzen. Ein Delta aus Sand und Kies mit feinkörnigem Sediment am Fuß baute sich in den See vor. Dennoch dauerte es mindestens 2 000 bis 3 000 Jahre, bevor der See weitgehend ausgelöscht wäre. Einzig der Mensch mit seinen technischen Mitteln und Naturkatastrophen nicht gekannten Ausmaßes könnten die natürliche Lebensdauer aller Seen in extremer Weise verkürzen, der Mensch durch technische und biologische Maßnahmen freilich auch verlängern. Hinsichtlich der langlebigen Hochflächenseen ist sogar an ein ganz stilles Ereignis ihrer Auslöschung zu denken, an eine neue Inlandeisinvasion, freilich nicht vor 50 000 Jahren.

Eine neue Generation von Geschichtsarchiven

Die neuen Seen werden in Zukunft nicht nur die plakativsten ins Auge fallenden Zeugen der größten Erdumwälzung am Südrand des Norddeutschen Tieflandes der letzten Jahrtausende sein. Mit ihnen beginnt auch eine neue Archivierungsphase mit der Basis »21. Jahrhundert nach Chr.«, nämlich die der kommenden Jahrtausende. Wie sich in den Ablagerungen der älteren Naturseen über Tausende von Jahren biologisch, lithologisch wie geochemisch der Gang der erdgeschichtlichen Prozesse, des Klimas und, mit beiden gekoppelt, der biologischen Entwicklung, seit rund 7 000 Jahren auch die Aktivität des Menschen spiegelt, wird sich in den Sedimenten der Tagebaurestseen vom Tag der Flutung die künftige, in immer stärkerem Maße anthropogen überprägte Entwicklung der Natur reflektieren. Der zu erwartende zyklische Aufstieg und Niedergang in der Kulturgeschichte künftiger Menschengeschlechter wird sich dabei dominant abbilden und den natürlichen Gang wohl oft bis zur Unlesbarkeit überprägen. Möglicherweise werden sich die Höhen der Kultur in Sedimentmarken der Seepflege bezie-

hungsweise geringer Eutrophierung, die Tiefen in der anthropogenen Veränderung der Seen äußern, in Zuständen, wie wir Gegenwärtigen sie bei ungezählten Seen dieser Erde registrieren müssen, meistens sogar in Regionen wirtschaftlicher Hochkultur, wo in nur wenigen Jahrzehnten einer jahrtausendelangen Seegeschichte die Gewässer ihre naturgegebene Balance verlieren, unter dichten Pflanzenteppichen erblinden oder zu Kloaken verkommen.

Werden die Seen das Klima verändern?

Oft wird nach den Auswirkungen der Seen auf das Wetter, ja sogar auf das Klima gefragt. Wir müssen uns auf wenige apodiktische Bemerkungen begrenzen.

Zunächst ist festzuhalten, daß die Verdunstung über offenem Wasser wesentlich größer ist als über Landflächen. In der weiteren Umgebung von Leipzig beträgt die Verdunstung bei einem realen (korrigierten) mittleren Niederschlag von etwa 630 mm/Jahr rund 475 bis 500 mm. Über geschlossenen Wasserflächen kann von rund 700 mm ausgegangen werden. Sie liegt damit rund 70 mm höher als der Niederschlag. Die nicht unerhebliche Zunahme der Verdunstung, die auch zu einem nennenswerten regionalen Wasserverlust durch die entstehenden Bergbauseen führt, und das gegenüber dem Boden stark abweichende thermische Verhalten des Wassers müssen sich auf das Mikroklima zumindest der engeren Seeregion auswirken. Die Feuchtigkeit steigt, die sommerliche Schwüle und die Anzahl ihrer Tage nehmen zu. Sie erfährt insofern eine gewisse Kompensation, als die Windgeschwindigkeiten mit wachsender Streichlänge über den Seen etwas ansteigen. In der kalten Jahreszeit ist über und im Umkreis der Seen auch mit stärkerer Nebelbildung zu rechnen. Insgesamt werden unter dem Einfluß der Seen die Temperaturunterschiede zwischen Tag und Nacht geringer, die Temperaturen also ausgeglichener. Die Beträge dürften jedoch in geringer Seeentfernung – wenige Kilometer – vielfach schon unter der subjektiven Wahrnehmungsgrenze liegen.

Zweiter Teil

Die aufgehenden Seen im Süden Leipzigs
Metamorphose einer Landschaft

Und wird das Wasser sich entfalten,
Sogleich wird sichs lebendig gestalten;
Da wälzen sich Tiere, sie trocknen zum Flor,
Und Pflanzen-Gezweige, die dringen hervor.

Goethe, Gott, Gemüt und Welt

Der Cospudener See

Endstellung des Tagebaues Cospuden von Osten
Rechts vor den »Erdpyramiden« das Bornaer Hauptflöz, darüber das geringmächtige »Mittel« aus Hainer Flußsanden, die vom Böhlener Oberflöz überlagert werden. Geologisch beachte man die beiden flachen Aufwölbungen des Flözes (ganz links und rechts) über verdeckten Kaolin- bzw. Tonbergen. Die Deckschichten der Kohle bilden wie auf S. 24 die marinen Böhlener Schichten und Kiese und Sande sowie Lehm der Weißelsteraue.

1990

Nach acht Jahren Fülldauer ist der über 100 Millionen Kubikmeter große Krater des Tagebaues Cospuden »ertrunken« (linke Seite). Die angestrebte Wasserspiegelhöhe von +110 m NN ist erreicht. Pünktlich mit Beginn der Expo 2000 in Hannover kann das Tagebaurestloch als Cospudener See eingeweiht und der Öffentlichkeit übergeben werden.

Das Jahr 1990: Endstellung des Tagebaues Cospuden von Westen

Pyramidenlandschaft mit ersten Weihern. Am Rande erhebt sich darüber die klassische jüngere Erdgeschichtsfolge im Bereich der Weißelsteraue zwischen Markkleeberg und Leipzig (vgl. den geologischen Schnitt auf S. 11). Über Kaolin (weiße Berge) das stellenweise fehlende, bis maximal 5 m mächtige obereozäne Bornaer Hauptflöz (II), das ½ bis 4 m starke sandig-tonige »Mittel« und das 8–12 m mächtige unteroligozäne Böhlener Oberflöz (IV). Darüber die gleichalten, feinkörnigen marinen Böhlener Schichten (grau, graubraun) und die Auenfolge aus Kies und Auelehm.

Ein Dezennium später

Die steilen Böschungen sind abgeflacht. Das Wasser hat den Mantel des Schweigens über die dynamische Tagebauszenerie gebreitet, damit auch Erscheinungen dem Blick entzogen, die vielen als gewaltsam, beängstigend, bedrückend an der Bergbaulandschaft erschienen. Mit dem See beginnt ein neuer, stiller, auf Jahrhunderte, sogar Jahrtausende angelegter Zyklus der Landschaftsentwicklung in der Weißelsteraue südlich von Leipzig.

Tagebau Zwenkau bei Cospuden, am Ausgangspunkt zum Baufeld Zwenkau-Cospuden

Unter Sedimenten der Weißelsteraue und ca. 25 m mächtigen Meeresablagerungen des Unteroligozäns folgen das gleichalte, 8–12 m mächtige Böhlener Oberflöz (IV), das aus vorwiegend fluviatilen Sanden, untergeordnet Tonen und marin beeinflußten feinkörnigen Sedimenten bestehende »Mittel« und das obereozäne, 5–8 m mächtige Bornaer Hauptflöz (II) und seine sandig-tonigen Liegendsedimente.

Ostwand des Tagebaues Cospuden am Übergang von der Weißelsteraue zur eiszeitlichen Hochfläche

Ca. 1 km nördlich des Hafengeländes bei Zöbigker. Die »Jerusalemswand«: Unter den hellen quartären Schichten liegen ganz oben die graubraun oxidierten marinen Böhlener Schichten aus Muschelschluff und Braunem Sand, dessen untere Meter im Bild hellbraun gefärbt sind. Mit scharfer Grenze folgt das rund 8 m mächtige Böhlener Oberflöz, das von schluffig-tonigen Sanden, tiefer von weißen Sanden mit Feinkies unterlagert wird. Das Bornaer Hauptflöz ist noch nicht freigelegt. Aus den schwefeleisenreichen Böhlener Schichten tritt in Rinnsalen abfließendes saures Grundwasser aus, dessen hoher Gehalt an Eisen beim Luftzutritt sofort oxidiert und einen Niederschlag aus rotbraunem Eisenhydroxid bildet.

Das Abbauziel: Das rund 25–30 m unter der Weißelsteraue nahezu horizontal liegende, 8–12 m mächtige, grob gebänderte Böhlener Oberflöz.

Grundgebirgsrücken aus grauweißer kaolinisierter Leipziger Grauwacke

Es erwies sich als charakteristisch für das Zentrum des Tagebaues Cospuden (vgl. den geologischen Schnitt auf S. 12). An ihm dünnte oder keilte das Bornaer Hauptflöz aus – wie im Bild zu sehen –, und das Böhlener Oberflöz wölbte sich unter Mächtigkeitsabnahme auf.

Die Flut steigt (1)

Endemische Wüstenlandschaft mit »Schichttafeln« und »Schichtstufen« und ersten Wasserstellen. Rechts am Horizont zwei Eichen am Rande der ehemaligen Aue, die, behütet wie ein Augapfel, das hektische Treiben am Tagebaurand überlebt haben und heute nicht nur lebende Dominanten im Bereich des Hafens von Zöbigker bilden, sondern auch Wahrzeichen des Bemühens der Bergleute, bemerkenswerte Naturobjekte zu erhalten.

Im November 1992 werden die Pumpen, die den Tagebau von Wasser frei halten, abgeschaltet. Grundwasser und Uferfiltrat aus der Weißen Elster dringen ein und beginnen die Pyramidenwelt am Grunde sukzessiv zu überfluten. Bis zum 11. Oktober 1995 kann man von einem gemäßigten, nahezu natürlichen Wasseranstieg im See sprechen. Dann galoppiert die Flut. Bis zum Jahre 2000 werden kontinuierlich pro Tag rund 65 000 m³ Grubenwasser aus dem Tagebau Profen eingeleitet. Diese »Springflut« ist der Grund der vom aufmerksamen Betrachter der Szenerie als dramatisch empfundenen Veränderung eines Landschaftsbildes, an deren Ende wieder Beruhigung eintritt, Harmonisierung mit der über Jahrtausende gewachsenen Altmoränenlandschaft und ihren Auegefilden.

Die Flut steigt (2)

Die Flut steigt (3)

1995

In weniger als einem Jahrzehnt hatten Gräser und Stauden große Flächen des Tagebaugrundes erobert und an boden- und feuchtigkeitsbegünstigten Standorten Birken, Weiden, Pappeln und vereinzelt auch Kiefern als Baumpioniere Fuß gefaßt. Selbst eine kleine, mit den harten Bedingungen einer zunächst wüstenartigen, dann savannenähnlichen Landschaft zurechtkommende Tiergemeinschaft war heimisch geworden. Da wurde die lebende Natur innerhalb eines Vierteljahrhunderts in der Region zum zweiten Male zum Verlierer, Opfer menschlicher Tätigkeit. Was sich der steigenden Flut durch Flucht nicht entziehen konnte, ertrank in wenigen Jahren, ja Monaten.

Die Flut steigt (4)

Die Flut steigt (5)

Nur noch die »Gipfelflur« der Pyramidenlandschaft schaut aus dem Wasser heraus. Wir nennen die Spitzen und Rücken »Schären«, die als Rast- und Schlafplätze bis zu 20 000 Sturm-, Lach- und Silbermöven anlocken.

Die Flut steigt (6)

Oben links: Die Bucht von Zöbigker mit Schiffsanlegestelle, Seglerhafen und Sauna.

Oben rechts: Kleine Anlegestelle auf der Westseite des Sees.

Links: Blick über den Freizeitpark »Belantis« auf die gewachsene Landbrücke zwischen dem 1933/34 angelegten Elsterstausee (links) und dem Cospudener See mit dem Aussichtsturm auf der Bistumshöhe.

Vom Leben angenommen

Die Wasservogelwelt hat sich schon in der Flutungsphase brütend, rastend bzw. durchziehend auf den See eingestellt: Sturm-, Silber- und Lachmöve; Stockente, Tafelente, Reiherente, Krickente, Eiderente und Eisente; Saat- und Bleßgans; Stern- und Haubentaucher; Höckerschwan und Bleßhuhn. Am Strand und im Hinterland erfreuen den stillen Wanderer in der noch jungen Seenregion der Große Brachvogel, der Kampfläufer, Flußuferläufer, Alpenstrandläufer, Bruchwasserläufer, Kiebitz u. a.

Rechts oben: Bekassine, eine drosselgroße, langschnäblige Sumpfschnepfe.

Unten: Nördlicher Badestrand in der Hochsaison.

Unten rechts: Hecht, Flußbarsch, Plötze, Karpfen und Blei wecken erste Anglerleidenschaft.

Der »Tertiärwald Cospuden«, ein Expo-2000-Projekt, zeigt auf einer 27 Hektar großen Fläche nordöstlich des Cospudener Sees rund 70 lebende Verwandte der braunkohlenzeitlichen Flora, die in der Zeit des Eozäns bis Miozäns am Südrand des Norddeutschen Tieflandes (westelbisches und Lausitzer Tertiärgebiet) existiert hat, oder ihnen ähnelnde Baumarten.

Im Arboretum sind Waldgemeinschaften aus Laub- und Nadelhölzern des Tertiärs nachempfunden, wobei die Auswahl auf winterharte Formen begrenzt werden mußte. Vier der wichtigsten ehemaligen Waldgesellschaften, insbesondere des nordwestsächsischen Braunkohlegebietes, werden gezeigt: Der Taxodium-Sumpfwald bzw. Taxodium-Nyssa-Wald, ein Hauptkohlebildner, mit den namengebenden Vertretern Sumpfzypresse und Tupelobaum; der Auenwald mit Pappel, Weide, Erle, Amberbaum, Ulme, nordamerikanischem Rotahorn, Eichen, Platanen, Flügelnußbaum, Kuchenbaum; der Kiefernwald als Pioniervegetation auf Flußsandbänken und in Uferbereichen mit Kiefernarten, Feuerdorn, Hartriegel, Weißdorn, Faulbaum, Hundsrose und Blumenesche und der Sommerlaubwald auf flußferneren Standorten mit Zelkove, Linde, Maulbeerbaum, Eisenholzbaum, Eiche, Magnolie, Tulpenbaum, Zürgelbaum, Nußbaum, Roßkastanie, Kastanie, Rotbuche u. a.

Von den Vorläufern der gepflanzten Gehölze existieren aus den Tagebauen vielfach reiche Funde an Blattabdrücken, Früchten und Samen, Holzresten und Blütenstaub (nach H. WALTHER und M. MORAWETZ).

Der Markkleeberger See

Urzeit des Markleeberger Sees
Endstellung des Tagebaues Espenhain südlich von Markkleeberg-Ost. Der Tagebau durchörtert links die Pleißeaue und schneidet sich rechts (östlich) in die angrenzende Moränenhochfläche ein.

1977

Erste Wiederbelebung

Die Natur, voran Birke und Weide, hat – abhängig vom Bodensubstrat und von der Bodenfeuchtigkeit – streifenweise, flächenhaft und punktförmig von der Endböschung Besitz ergriffen. Rechts die noch nackte Förderbrückenkippe, davor die rinnenförmige früheste Anlage des westlichen Markkleeberger Sees. Noch weitgehend unbedeckt, da vegetationsfeindlich, das in zwei Stößen freigelegte Böhlener Oberflöz und das am linken Seeufer anstehende Bornaer Hauptflöz. Fotostandort: Bundesstraße 2.

2001

Weitgehend ausgelöscht ist das an halbaride ost- und südafrikanische Landschaftsdetails erinnernde Ambiente der nördlichen Randschlucht des Tagebaues Espenhain. Die Böschungen sind abgeflacht, die vor allem in den marinen Schichten zum »Abgrund« hinunterführenden steilen Schluchten verfüllt, die Westseite des Einschnitts gegen die Bundesstraße 2 ist durch eine über 100 m breite Stützwand aus Kippmassen gesichert. Nun wird der See zur Dominante der Landschaft. Im Westen läuft er auf die Aue der Pleiße aus, im Nordosten wird er von der abgeschrägten, über 30 m hohen eiszeitlichen Moränenwand der Liebertwolkwitz-Störmthaler Hochfläche, im Süden über 20 m von den Massen der Espenhainer Kippe überragt. Im Bild liegt der Wasserspiegel etwa bei +99 m NN, zum Endstand fehlen noch 14 m.

Der östlich von Markkleeberg-Ost nach Norden vorspringende Tagebau durchschneidet bis in 80 m Tiefe bis 35 m mächtige eiszeitliche Gletscherablagerungen (Grundmoränen, Schmelzwasserbildungen) und Flußschotter (diese Schichten beginnen unten etwa im Bereich eines dunklen Bandes, des Dehlitz-Leipziger Bändertones), 25 bis 35 m starke feinkörnige Meeresablagerungen (dunkel: Tone und Schluffe, hell: vorwiegend Feinsande) und die darunter liegenden Flöze Böhlen (8–12 m) und Borna (bis 8 m). Im Vordergrund verkippte Kalkknollen und verkieselte Mammutbaumhölzer.

Die natürliche Begrünung der jungfräulichen Erde auf Böschung und Grund ist in Gang gekommen. Einzelne Weiher und Seen sind entstanden. Durch künstliche Aussaat trägt die Sturzkippe im Vorder- und Mittelgrund rechts einen Grasschleier, der die Auswehung von Staub aus den marinen Ablagerungen mindern soll.

Auenhainer Beckenteil
 Der Markkleeberger See im Osten. Der Wasserspiegel liegt noch rund 12 m unter dem geplanten Endstand.

Zufuhr von Grundwasser aus dem Tagebau Profen in den Markkleeberger See.

Die Einspeisung von 30 000 m³ Fremdwasser seit Juli 1999 läßt das Wasser im See rasant steigen. In nur wenigen Monaten ist der pittoreske Tagebaugrund überflutet und für immer den Blicken entzogen.

»Die Natur braucht uns nicht...«

Die der Vegetation innewohnende Lebenskraft webt im humiden Klimabereich selbst auf lebensunfreundlichem Boden in wenigen Jahrzehnten das Kleid, das die anthropogenen Erdwunden verhüllt und sie schon nach wenigen Generationen dem Menschen als »Natur« erscheinen läßt.

Die Sturzkippe der Förderbrücke des Tagebaues Espenhain südlich von Markkleeberg-Ost als eindrucksvolle Badland-Szenerie.

Die Selbstbegrünung der Sturzkippe südlich von Markkleeberg-Ost im Jahre 1991. Man beachte die Asymmetrie: Die schattigeren und feuchteren Nordhänge sind weit dichter von Birken bedeckt als die südexponierten.

Die Abfolge des Tagebaues: oben die graue eiszeitliche Moränenplatte, unterhalb der Grasdecke streichen die »Braunen Sande« aus, eine Wechsellagerung von gelben und weißen marinen Sanden und braunen Schluffbänken. Darunter das Böhlener Oberflöz, das im Mittelgrund (schwarz) wieder erscheint. Darunter das »Mittel« aus einer Wechselfolge von meist hellen Sanden, oben verkieselt, und braunen und schwarzen Schluffen. Im Liegenden punktförmig sichtbar das Bornaer Hauptflöz. Das Bild entstand zur ersten nachwendezeitlichen Exkursion Leipziger Geologen mit Mitgliedern der Deutschen Geologischen Gesellschaft im Jahre 1990.

Das Zwischenmittel

Die Sedimentfolge zwischen Böhlener Oberflöz und Bornaer Hauptflöz. Oben die graue Quarzitplatte, das schwere Abbauhindernis bei der Gewinnung des Böhlener Oberflözes.

Impressionen vom künftigen Seegrund und Werden des Markkleeberger Sees

Künftige Tauchobjekte
Reste der ca. 35 Millionen Jahre alten Mammutbaumwälder. Zu Hunderten wurden in den Tagebauen Böhlen-Zwenkau und Espenhain im oberen Drittel des Böhlener Oberflözes Stubben und bis über 70 m lange Stammstücke von Mammutbäumen (*Sequoioxylon gypsaecum* GREGUS), Verwandte des kalifornischen Küsten-Red-Wood, freigelegt. Die nach dem Absterben erfolgte Ausfüllung der Zellhohlräume des Holzes durch Kieselsäure bildet die Holzstruktur minutiös ab.

Früheste Stufe des Markkleeberger Sees vor selbstbegrünter Förderbrückenkippe und ausstreichender Quarzitplatte unter dem Böhlener Oberflöz.

Letzter Blick auf den Tagebaugrund

Von Inseln und Sukzessionsflächen

Den landschaftlichen Gesichtsverlust, den das Restloch durch die Planierungsmaßnahmen erfahren hat, mildert die kleine Getzelauer Insel am Südrand des Sees, vor allem nach ihrer natürlichen Wiederbewaldung und Inbesitznahme durch die Vogelwelt. Vorausgreifend gesagt, gilt dies noch stärker für die Göhrener Insel im Störmthaler See, die dort die absolute Landschaftsdominante bilden wird, zumal bei ihr als Fragment der einst ausgedehnten Rippenkippenfläche deren ausdrucksvolle Morphologie erhalten geblieben ist. Beide Inseln sind Sukzessionsflächen und werden unter Naturschutz gestellt. Auch die Süduferregion des Markkleeberger Sees ist der natürlichen Renaturierung vorbehalten. Der Monotonie der eingeebneten Rippenkippe ist hier dadurch begegnet worden, daß ihr bis 10 m hohe Wälle aus Lehm, darunter Geschiebemergeln, Sand und Kies, aber auch marinen Schluffen und Feinsanden aufgesetzt wurden, die nicht nur von fern, sondern auch aus der Nähe wie natürliche eiszeitliche Moränenhügel wirken. Diese teilweise auch aufgeforstete sogenannte Crostewitzer Höhe erinnert mit ihrem Namen an das zwischen 1967 und 1972 gemeinsam mit Cröbern umgesiedelte Dorf.

Blick vom Südufer des Markkleeberger Sees zur Getzelauer Insel und Seepromenade in Markkleeberg-Ost.

»Moränen«-Buckel im Süden des Markkleeberger Sees, der Crostewitzer Höhe, Oktober 2005.

Markkleeberger See mit Uferpromenade
    Die Gestaltung des unmittelbaren Seeumlandes ist kurz vor dem Abschluß.

2005

Endzustand und Übergang: Der Markkleeberger See kurz vor seinem Wasserhöchststand. Die Böschungen sind abgeflacht. Nahezu fertiggestellt ist das Kanalbett zwischen Markkleeberger und Störmthaler See. Die darüber führende Trasse der Autobahn A 38 zeichnet sich ab. Das Absetzgerät 1115 und der Schaufelradbagger 1547, der 3 000 m³ Erde pro Stunde fördern konnte, sind auf dem Bergbau-Technik-Park in Arbeitsstellung gebracht.

Bergbau-Technik-Park
mit Blick zur Deponie Cröbern, die auf den geringdurchlässigen Kippmassen des Tagebaues Espenhain errichtet ist. Dahinter der Wasserschlauch des Störmthaler Sees bei der ehemaligen Ortschaft Gruna, wo sich eine Seeausbuchtung bilden wird.

Im Hintergrund die tafelbergähnliche Halde Trages und Relikte des ehemaligen Kraftwerkes Thierbach.

Der Störmthaler See

Der Störmthaler See im Jahre 1998
Noch ist der See auf die ein wenig erweiterte unterste Arbeitsebene des Tagebaues begrenzt.

*E*ntsetzlich, dieser Höllenrachen! Abgrund, Wüste und Wasser in einem!«, stöhnt eine Besucherin aus der Eifel am Rande des Tagebaues Espenhain, in dem sich der Grund gerade mit Wasser zu füllen beginnt, der Störmthaler See im status nascendi. Und sie vergleicht die Szenerie mit der »Lieblichkeit und Anmut« der Eifelseen, den Maaren, die im übrigen in hohem Maße zur landschaftlichen Schönheit des sonst oft recht einförmigen Rheinischen Schiefergebirges beitragen. Wer kann den Aufschrei überhören, wer im Angesicht der gigantischen Bodenzerstörung das Entsetzen nicht nachempfinden? Doch »Vernunft sei überall zugegen, wo Leben sich des Lebens freut«, fällt mir ergänzend Goethe ein. Ich höre die Urteile über die Bergbaulandschaft nun schon ein Leben lang. Von der Verdammnis auf ehrwürdigen Kanzeln, in von Kronleuchtern mit Licht überfluteten Wohnstuben und überheizten Hörsälen bis zur Euphorie am Tagebaurand reicht das Spektrum der Urteile und Vorurteile; seltener die leisen, abwägenden, relativierenden Töne. Sie bedürfen eines hohen Maßes an geologischer, ökonomischer und dialektischer Denkweise: »Das Korn, das man sät, wird nicht lebendig, es sterbe denn!« Fast alle irdischen Seen verdanken ihre Entstehung nicht sich selbst, sondern der Zerstörung von Erdkruste. Aus Kratern, gelegentlich überragt von Wällen aus Aschen und Schlacken, entstanden vor 8000 Jahren und früher die lieblichen Eifelseen. Vulkanische Explosionen, deren Aschen die Winde vor 11 500 Jahren bis nach Mitteldeutschland trugen, sprengten die Hohlformen aus der Erde, einst wirklich höllische Rachen. Hier sind sie Menschenwerk, entstanden in fünf Generationen, um Not zu wenden, gegen Kälte, für mehr Licht. Und nach nur wenigen Menschengenerationen werden ihre Endstadien, die Baggerseen, von Bäumen gesäumt oder von Wäldern umschlossen sein wie die Maare der Eifel oder die 12 000 bis 15 000 Jahre alten Glazialseen der Masuren. Eine Metamorphose von menschen- und naturhistorischer Symbolik.

Tagebau Espenhain bei Güldengossa
    Im Sonderbetrieb wird eines der lästigen Hindernisse für die Förderbrücke beseitigt, ein Kaolinrücken aus Leipziger Grauwacke, an dem das Bornaer Hauptflöz völlig auskeilt. Darüber das durchgehende Böhlener Oberflöz.

Brückenrandschlauch des Tagebaus Espenhain bei Auenhain, eine der imposantesten Schluchten des Braunkohlenbergbaues in der Leipziger Bucht. Früheste Seenbildung. Noch stehen die ersten Wasserflächen des Markkleeberger (links hinten) und des Störmthaler Sees (Mitte rechts) über Rinnsale in Kontakt. Hier wird sie wenige Jahre später – inzwischen Realität – der Damm der Autobahn 38 zunächst trennen, bevor sie ein Kanal wieder verbindet.

Am Tagebaurand rechts oben die Ortslage Auenhain, links Markkleeberg, im Hintergrund Leipzig mit dem Völkerschlachtdenkmal.

Tagebau Espenhain in seiner Endstellung bei Störmthal

Unten links neben der Kippe das Bornaer Hauptflöz, höher das Böhlener Oberflöz, bedeckt von Meeres- und Gletscherablagerungen. Die weißgraue Farbe der Kippe rührt vom Kaolingehalt der höheren Meeressedimente her. Im Vordergrund skandinavische Findlinge und ein Mammutbaumstubben.

Am Horizont das Kraftwerk Lippendorf.

Alte Entwässerungsstollen im Böhlener Oberflöz des Tagebaues Espenhain am Störmthaler See.

1997

Ende und Neubeginn

Die im November 1944 in Betrieb genommene, bis Anfang der 70er Jahre mit einer Länge von 590 Metern und einem Gewicht von 14 000 Tonnen größte Förderbrücke Europas wurde am 7. Mai 1997 gesprengt, nachdem der allerletzte Kohlezug den Tagebau Espenhain am 27. Juni 1996 verlassen hatte. Unter den Trümmern der Brücke beginnen sich auf dem bis dahin mit Halbschuhen begehbaren Tagebaugrund erste Wasserflächen zu bilden. Sie sind der Uranfang des künftigen Störmthaler Sees.

*Auf dem Wege zum
Störmthaler See (1)*

Störmthaler See im Jahre 1999
Die »Schären« sind nahezu überflutet. Links das gewachsene Gebirge vorwiegend aus Meeressanden, rechts die eingeebnete Förderbrückenkippe. Blick nach Süden über die inzwischen gestaltete Bucht von Gruna-Göltzschen.

Gewitterstimmung über dem steigenden Seespiegel
   Blick aus der Gegend von Gruna nach Nordosten, links am Horizont Störmthal (Wäldchen).

Auf dem Wege zum Störmthaler See (2)

*Auf dem Wege zum
Störmthaler See (3)*

Blick vom Störmthaler Embryonalsee auf den namengebenden Ort
Das Wasser wird bis zum Fuß der steilen Tagebauböschung unterhalb der Ortslage steigen.

Auskeilende Quarzitbank über Sanden der Schichtenfolge zwischen Unter- und Oberflöz und abgeschrägte Sturzkippe mit Spülrinnen umrahmen den See bei Gruna. Im Mittelgrund Rest eines alten Entwässerungsschachtes.

Terrassierte Sturzkippe mit metertiefen, schluchtartigen Spülrinnen bei Gruna.

Auf dem Wege zum Störmthaler See (4)

Störmthaler See bei Gruna

Der Naturwald ertrinkt, erste Kanuten beim Training auf dem drei Kilometer langen Wasserschlauch – der ehemaligen Kohleausfahrt – längs der alten B 95 zwischen ehemals Gruna und Espenhain.

2003

Auf dem Wege zum Störmthaler See (5)

2005

Das Wasser beginnt südwestlich von Störmthal die eingeebnete Förderbrückenkippe (»Plattform«) zu überfluten. Links die künftige Göhrener Insel (Sukzessionsareal) mit ihren das Landschaftsbild belebenden Rippen der Brückenkippe.

Auf dem Wege zum Störmthaler See (6)

Orchideenwäldchen
am Störmthaler See
aus südlicher Richtung.

Das Orchideenwäldchen bei Güldengossa

Die größte Pflanzenfamilie unseres Planeten, die Orchideen, hat trotz der Produktion gewaltiger Mengen kleinster Samen, die vom Wind spielend Hunderte von Kilometern verbreitet werden können, in der in Ketten gelegten Kulturlandschaft auch auf längere Zeit wenig Chancen, Fuß zu fassen. Der hohen Spezialisierung in den Lebensansprüchen (Bodenart und -typ, Feuchtigkeitsregime, Chemismus, Lichtverhältnisse, Symbiose) steht in der Kulturlandschaft eine nicht hinreichend große Vielfalt an Biotopen gegenüber, die diese Ansprüche befriedigen könnten. Der Braunkohlenbergbau mit seinen riesigen Flächen an Kippmassen unterschiedlichsten Substrats, Feuchtebedingungen und feinsten Differenzen auch im Chemismus des Wassers, noch mehr freilich die Restlöcher in Kippmassen oder aus unterschiedlichstem Substrat bestehenden geologischen Schichtenfolgen, hat auf vielen hundert Quadratkilometer großen Flächen zwischen Harz und Neiße/Oder hier Abhilfe geschaffen und das Angebot an Standorten vom Aufkeimen bis zur Wiedervermehrung vervielfacht. So nimmt es nicht wunder, daß nahezu von allen Tagebauen und ihren Hinterlassenschaften in der Leipziger Bucht in den letzten Jahren Nachweise von Orchideen geführt wurden, wir nennen nur die ehemaligen Tagebaue Pirkau, Zechau, Borna-Ost (Bockwitz), Kulkwitz, Zwenkau und Espenhain (K. Heyde und H. Krug, 2000).

Der Typus der Substrat- und Wasserverhältnisse, die ein Aufkeimen der Samen, eine Reifung und Erhaltung der Pflanzen auf längere Sicht begünstigen, sind die ehemaligen Tagebaue Zechau und Espenhain mit ihren mächtigen kalkhaltigen eiszeitlichen, jedoch auch kalkfreien und sauer reagierenden braunkohlenzeitlichen Sedimenten. Hauptverbreitungsgebiet im Tagebau Espenhain ist das sogenannte Orchideenwäldchen unterhalb von Güldengossa. Es ist ein ca. 500 m langer, inzwischen von Birken, Pappeln, Weiden und Dornbusch bestockter Böschungsstreifen, der durch die Initiative von Ökologen stehenblieb und unter Schutz gestellt ist. Die Böschung baut sich, wie der geologische Schnitt S. 63 zeigt, aus mehreren kalkhaltigen Moränenschichten der Elster- und Saaleeiszeit auf, in denen grundwasserführende Sand- und Kieslinsen schwimmen. Wichtiger ist, daß hier durch das Moränengebirge eine alte glaziale Abflußrinne von Nord nach Süd verläuft, die mit der sogenannten Wachauer Folge aus Kies, Ton und vor allem feinem Sand gefüllt ist. Das darin zirkulierende Wasser tritt an der Böschung zögerlich zutage, teils punkt-, teils bandförmig. Im Fußbereich der Böschung ist quarzreicher Kies, in seinem Liegenden braunkohlenzeitlicher Feinsand, sogenannter Formsand, entwickelt. Er führt Knollen aus Schwefeleisen. So entsteht ein wechselhaftes, streifiges Gefüge von feuchten, anmoorigen bis völlig trockenen, von Kaninchen für ihre Baue bevorzugten Standorten, die feuchten mit einem Wasser von schwach basischem bis saurem Chemismus. Im Ganzen eine günstige Boden- und Wassermixtur für die Entfaltung und den dauerhaften Bestand verschiedener Orchideenarten auf kleinem Raum. Bisher nachgewiesen im Orchideenwäldchen und in der Nachbarregion (Tagebaue Espenhain und Zwenkau) sind Fuchssches Knabenkraut, Steifblättriges Knabenkraut, Breitblättriges Knabenkraut, Braunroter Sitter, Breitblättriger Sitter, Sumpfsitter, Große Händelwurz und Großes Zweiblatt (Heyde und Krug, 2000). Zumindest die geologisch-hydrologischen Bedingungen lassen bei keinen weiteren Eingriffen, vor allem keinen weiteren Geländeabflachungen und Entwässerungsmaßnahmen, auf eine lange Existenz des Orchideenvorkommens schließen.

NO　　　　　　　　　　　　　　　　　　　　　　　　　　　　　　　SW

m NN
Sandlöß
Obere Saalemoräne — 150
Bruckdorfer Horizont
Untere, rothbraune/graue Saalemoräne
Böhlener Seeton
Obere Elstermoräne — 140
Wachauer Folge
(Ton, Schluff, Feinsand, Sand, Kies)
— 130
Untere Elstermoräne
Dehlitz-Leipziger Seeton — 120
Flußschotter
Formsand
Muschelschluff — 110
Phosphoritknollen
Flöz y
Braune Feinsande und Schluffe
— 100
Böhlener Oberflöz
— 90
Sand und Ton
Bornaer Hauptflöz — 80
Kaolinische Grauwacke

schwache Quellen

Orchideenwäldchen

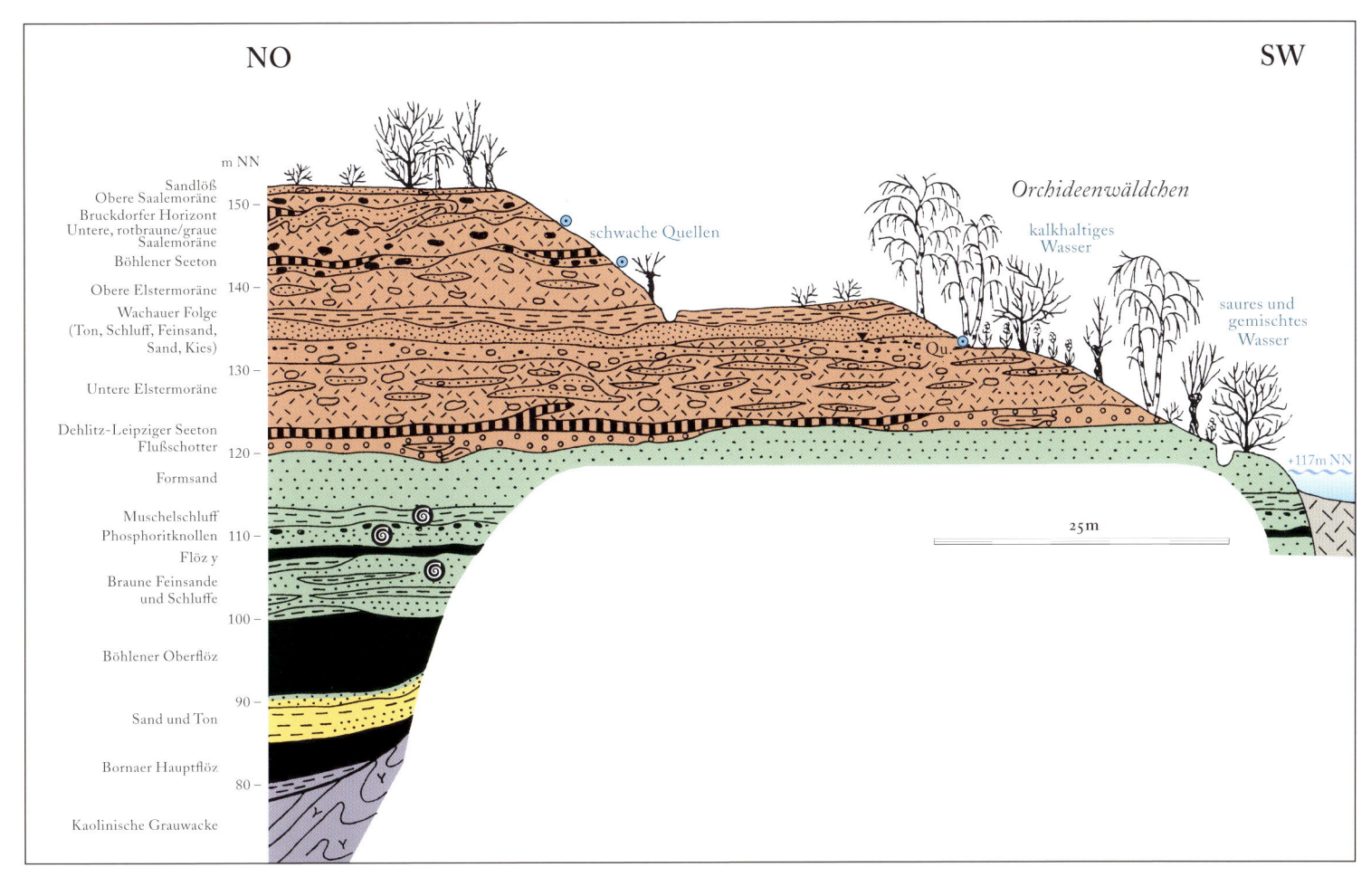

kalkhaltiges Wasser

saures und gemischtes Wasser

Qu.

+117m NN

25m

Geologischer Schnitt zum Orchideenwäldchen Güldengossa

Sumpf-Sitter
Epipactis palustris (L.) CRANTZ
Wechselfeuchten, meist schwach sauren bis schwach basischen Bodenverhältnissen angepaßt.

Große Händelwurz
Gymnadenia conopsea (L.) L. BR.
Bevorzugt feuchte bis nasse, schwach saure bis schwach basische Bodensubstrate.

»**Geologische Fenster**« – auf der abgeflachten Moränenfolge zwischen Störmthal und Güldengossa stehengelassen.

Aufnahme der eiszeitlichen Schichtenfolge in einem Geologischen Fenster oberhalb des Orchideenwäldchens bei Güldengossa durch Leipziger Geologiestudenten (2. Elstergrundmoräne, Wachauer Folge: Schluff braun, Feinsand gelb).

Blütenmeer am Störmthaler See.

Rückhaltebecken Stöhna – Paradies für Zugvögel auf Kippengelände (Tagebau Espenhain). Rechts Brutkolonien der Lachmöve.

Nur Eingeweihte konnten vermuten, daß sich das letzte, 1976 fertiggestellte Rückhaltebecken an der Pleiße südlich von Leipzig, das in einer flachen Senke auf der südwestlichen Kippe des Tagebaues Espenhain liegt und als grünes Rückhaltebecken mit landwirtschaftlicher Nutzung konzipiert war, zu einer landschaftlichen wie biologischen Attraktion entwickeln würde. Zu Beginn der 80er Jahre entstand im Nordteil des Beckens eine 60 ha große Wasserfläche (bei Vollstau 2,8 Quadratkilometer mit einem Inhalt von 11,4 Mill. Kubikmetern), die zum Ausgangspunkt einer der faunistisch vielfältigsten Räume in der Bergbaufolgelandschaft des Leipziger Südens avancierte. Feuchte, anmoorige Wiesenflächen und eine von bald schmalen, bald breiten und unregelmäßig im See vor- und zurückspringenden malerischen Röhrichtflächen geprägte Uferzone mit landseitigem Weidengürtel entwickelte sich zum ständigen oder zeitweisen Lebensraum einer individuenreichen Vogelwelt von über 200 Arten, jedoch auch von Amphibien, Reptilien und Insekten, darunter zahlreiche Rote-Liste-Arten. Das Rückhaltebecken steht folgerichtig seit 1999 unter Naturschutz.

Der Zwenkauer See

Gesamtübersicht des Tagebaues Zwenkau von Nordwesten bei Knautnaundorf

Das Fördergerät der Brücke steht auf den unteroligozänen marinen Schichten. Darunter breit freigelegt und mit steiler Böschung zum Mittleren Planum abbrechend das Böhlener Oberflöz. Am rechten Rand des tiefsten Planums unter der Förderbrücke das braune Band des Bornaer Hauptflözes.

Letzter Blick auf die am 8. November 2001 gesprengte Förderbrücke und erstes Wasser des größten Sees der Leipziger Bucht, des Zwenkauer Sees, der im Jahre 2013 eine Fläche von 9,7 km² einnehmen wird.

Tagebau Zwenkau alias Böhlen. Unter dem zuletzt genannten Namen hatte er europa-, vielleicht weltweit Synonymcharakter für den modernen Brückentagebau. Belassen, wie ihn der Bergmann hinterließ und wir seinen Wandel fast ein halbes Jahrhundert bewundern wie fürchten konnten, wäre er zu einem der großen europäischen Landschaftswunder avanciert. Künstlich ja, aber ein anthropogenes, in Komposition wie Abstraktion den Naturalisten wie Expressionisten überforderndes Landschaftskunstwerk, nur von Weltfremden diffamiert. Ein Kunstwerk mit tausend Facetten, die ein ehernes Prinzip der Natur spiegeln: Stirb und Werde! Gestalten und Verwandeln. Welcher verständige Mensch kann jemals vergessen, wie schon wenige Tage nach dem Absatz der kilometerlangen Sturzkippen ihre Ziselierung durch Wasser und Wind beginnt und wie sich am Fuß Schwemmfächer mit tausend haarfeinen Kanälchen, metertiefen Rinnen und Mäandern formen, wie wohl kein Museum der Welt jemals das Diorama eines Flußdeltas seinem Besucher hätte bieten können. Schließlich die Rutschungen und Abbrüche, Modelle für jene gefürchteten Erscheinungen in den Flyschzonen der jungen Hochgebirge der Erde. Oder denkt man an die spontane Wiederbesiedlung, die Zurückeroberung angestammten Landes durch Pflanze und Tier. Wer könnte jemals die ausgetretenen Pfade bzw. Wechsel der Wildschweine und Rehe von den Tränken über steile Flanken der lockeren Sedimentrippen ins »wilde Kurdistan« der riesigen Sturzkippe vergessen, wohin sich die höhere Tierwelt trotz kargem Futterangebot zurückzieht und sich sicher fühlt. Freilich wäre es eine Illusion, eine solche bizarre anthropogene Landschaft in dieser Größe konservieren zu können. Das mag in ariden Gebieten mit tiefliegendem Grundwasser möglich sein. In den Niederungen der Leipziger Bucht liegt seine Oberfläche von Natur her in zwei bis höchstens zehn Meter Tiefe. Und dieses Niveau strebt es auch nach den größten Eingriffen wieder an. Millionen von Kubikmeter Grundwasser müßten Jahr für Jahr gehoben werden, um einen solchen Tagebau bis zum Grunde wasserfrei zu halten.

Der größte See des Leipziger Südens geht aus der am längsten in der Region betriebenen Kohlengrube, dem Braunkohlentagebau Böhlen, hervor. Am 11. April 1921 beginnt die Aufschlußtätigkeit, und 1924 wird die erste Kohle gefördert. 1930 dann Inbetriebnahme der Förderbrücke, die 1937 ein Orkan zum Einsturz bringt. Doch schon ein Jahr später ist die Förderbrücke II im Einsatz. Zwischen 1946 und 1952 geht der Tagebau in sowjetischen Besitz über. Im September 1999 verläßt der letzte Kohlenzug die Grube. Im Laufe der knapp 80-jährigen Betriebszeit wurde eine Fläche von 28,6 km² in Anspruch genommen, wurden 1,4 Milliarden m³ Abraum bewegt und 580 Mill. Tonnen Rohkohle gefördert. Das Abraum-Kohle-Verhältnis zählte mit 2,5 : 1 zu den günstigsten in Deutschland. Die Möglichkeit des Einsatzes einer höchst effektiven Förderbrücke mit einer Dienstmasse von 7200 t, einer Gesamtlänge von 523 m, einer Auslegerlänge von 153 m und ihrer Dreistützenkonstruktion und dem verbindenden Brückengitterwerk ergab sich aus der fast horizontalen, »epirogenen« Lagerung der beiden gewonnenen Flöze, des Bornaer Hautflözes mit einer mittleren Mächtigkeit von 5 bis 8 m und des Böhlener Oberflözes von 8 bis 12 m. Die durchschnittliche Tiefe des Tagebaues lag bei 50 m, die maximale bei 60 m. Die geologischen Verhältnisse ähneln stark denen des Teilfeldes Cospuden und der Tagebauschwester, des Tagebaues Espenhain, so daß hier darauf verwiesen werden kann. Ein vereinfachter geologischer Schnitt, doch mit besonders komplizierter, lagerstättenrandnaher braunkohlenzeitlicher Schichtenfolge, gibt den Zitzschener Winkel wieder.

Den Sicherheitbestimmungen geschuldet sind die gewaltigen Sanierungsbemühungen insbesondere von Anflachungen und Einebnungen sowie Massenbewegungen zur Kippen- und Restlochgestaltung in der Größenordnung von 15 Mill. m³ vor allem nach der Einstellung der Kohleförderung 1999, die schwerpunktmäßig bis zum Jahre 2005 gelaufen sind. Damit und mit der Flutung des Restloches bis zum Niveau von +113,5 m NN, das ist im Bereich der Aue rund 2,5 bis 4 m, am Westrand, der eiszeitlichen Hochfläche rund 8 m unter Gelände – der See wird dann ein Volumen von 180 Mill. m³ haben –, wird das oben skizzierte pittoreske Landschaftsbild für immer dem Auge entzogen sein. Die 2004 sukzessive in Gang gekommene Flutung ab +73 m NN erfolgt zunächst im Eigenaufkommen von Grund- und Oberflächenwasser, das sich im Jahr 2000 pro Tag auf rund 35 000 m³ belief. Dieses Wasser ist mit einem ph-Wert um 2,5 bis 3 ausgesprochen sauer, so daß es von der Tierwelt, vor allem den Wasservögeln, gemieden wird. Ohne Fremdwasserzuführung würde die geplante Wasserspiegelhöhe erst gegen 2060 erreicht. Zur Verminderung von Destruktionen durch Erosion und Rutschung im Böschungssystem des Sees und zur Erzielung einer möglichst frühen Nutzung des Gewässers wird aus dem Tagebau Profen Grubenwasser und ein chemisch-biologisch vertretbarer Anteil von Wasser der Weißen Elster zugeleitet, mit dem Ziel, um 2011 den Endwasserspiegel zu erreichen. Vor allem aus Gründen der Verbesserung der Wasserqualität soll diese Zuspeisung bis 2018 fortgeführt werden. Das ist das Endziel der aufwendigen Maßnahmen: Es soll ein Landschaftssee mit hohem Erholungswert entstehen, wo auch die lebende Natur und ihr Nachholebedarf sowie die Ästhetik der Landschaft nicht zu kurz kommen; aber das Gewässer soll auch dem Hochwasserschutz insbesondere Leipzigs dienen, sind doch dem Bergbau erhebliche Rückhalteflächen zum Opfer gefallen. Überschreitet der Abfluß der Weißen Elster an kritischen Durchflußprofilen Leipzigs den Wert von 450 m³ pro Sekunde, soll eine vorgesehene Lamelle von 2,1 m Höhe (+115,6 bis +113,5) des Stauraumes eine Wassermenge von 19 Mill. m³ aufnehmen können und in Zeiten des Wassermangels dem See auch Brauchwasser entnommen werden dürfen.

Strand- und Surfbereich, Jachthafen und Segelstützpunkt sowie die Verbindung des Gewässers mit dem Cospudener See und über diesen weiter zur Pleiße sind Ziele, die Wassersportler mit großer Freude zur Kenntnis nehmen werden, zumal der neue See in nicht zu weiter Ferne an den Gewässerverbund Leipziger Neuseenland angeschlossen werden soll (siehe S. 100 f.). Kap Zwenkau, ein lukrativer Stadtteil von Zwenkau, der Freizeitpark Belantis und vielleicht sogar ein Archäologiepark, der die sensationellen Funde am Westrand des Sees von der mittleren Altsteinzeit bis in die frühe Eisenzeit anschaulich präsentieren soll, mögen weitere Aspekte sein, die einen breiten Kreis aller Bevölkerungsschichten ansprechen, begeistern und auch versöhnen mögen über das noch lange nachwirkende Ungemach mit der Landzerstörung vor der Haustür. Zu dieser Versöhnung trägt auch das östlich des Restlochs auf Altkippengelände entstandene Waldgebiet der »Neuen Harth« mit gemischten Laubwaldbeständen, Eichen- und Pinienhainen und stillen Weihern bei. Der Verlust des Harthwaldes südlich von Markkleeberg zählte jahrzehntelang zu den schmerzlichsten, den der extensive Braunkohlenbergbau um Leipzig verursacht hatte.

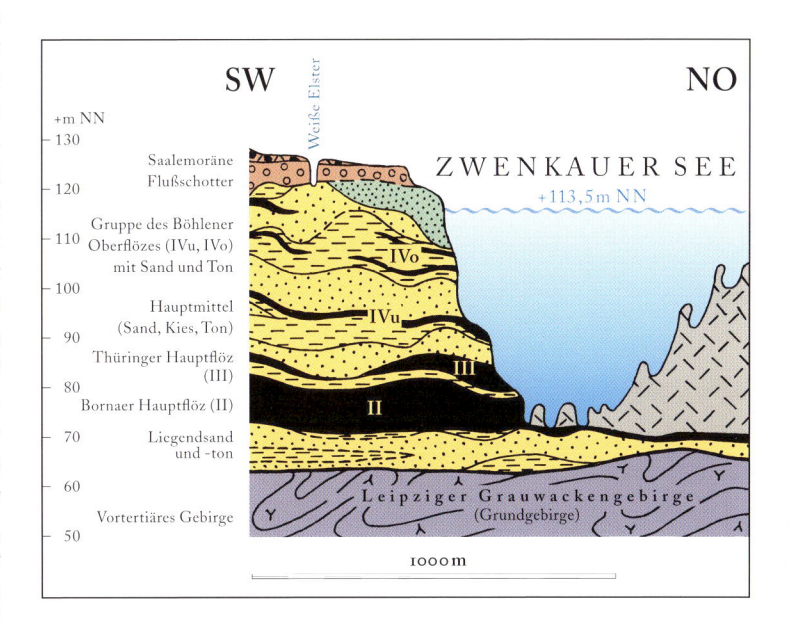

Geologischer Schnitt des Zwenkauer Sees im Zitzschener Winkel

Gesamtansicht des 1999 ausgelaufenen Tagebaues Zwenkau um 2005. Noch gut erkennbar sind an der Böschung des wassererfüllten Einschnitts rechts das Ziel aller Bemühungen: Das Böhlener Oberflöz (IV) und die oberen 2 m des Bornaer Hauptflözes (II). Links oben der Cospudener See und der Elsterstausee, davor »Belantis«, der Vergnügungspark. Man beachte die Zurückeroberung der Brückenkippe durch eine anspruchslose Baumvegetation. Im Vordergrund die B 186 und das bergbaubedingte künstliche Bett der Weißen Elster. Blick von Zitzschen nach Nordosten.

2005

Das Hafengelände des Zwenkauer Sees bei Zwenkau – gewissermaßen auf dem Trockendock. Im Vordergrund und rechts weitgehend schon planierte Tagebauzufahrt mit Resten der natürlichen Bewaldung und der Brückenkippe. Blick von Osten nach Westen, links oben Zwenkau.

In der unvergeßlichen Tagebauschlucht am Nordwestrand der Brückenkippe bei Knautnaundorf, dem »Randschlauch« – oben die gelbe eiszeitliche Folge, darunter die braunkohlenzeitlichen Schichten aus marinen Ablagerungen, den beiden Braunkohlenflözen und Kaolin.

Die Dramatik der Bergbauszenerie wird durch eine Kiesdecke gebrochen, die vor allem Meeresablagerungen (grau) und die Folge des Oberflözes verhüllen wird.

Tagebau Zwenkau im Oktober 2005
   Am Rande der Brückenkippe. Exotische durch Spülung und Rutschung in Auflösung befindliche anthropogene Landschaft. Am Horizont Windräder bei Knautnaundorf.

Kippenrippen mit herausgewitterten Kämmen. Sich kreuzende Fährten von Reh und Wildschwein belegen eine rege Begängnis des wilden Kippengeländes.

Leipziger Geologiestudenten bei der Untersuchung der komplizierten Schichtenfolge über dem Böhlener Oberflöz im Zitzschener Winkel, 2003. Sandfolge über Flöz IV u. mit zahlreichen Baumstämmen, Ästen und mehreren Wurzelböden als Zeugen ortsständiger Wälder.

Die Witznitzer Seen

Tagebau Witznitz von der B 95 südlich von Espenhain mit Blick nach Nordwesten

Bornaer Hauptflöz (unten) und Böhlener Oberflöz getrennt durch die weißen fluviatilen bis marinen Hainer Sande. Darüber marine Böhlener und fluviatile Thierbacher Schichten, die über dem dunklen Band aus Dehlitz-Leipziger Bänderton von zwei Geschiebemergeln der Elstereiszeit bedeckt werden.

Reflexion zu Fortschritt und Niedergang

Braunkohle, die umgewandelte Masse einer urzeitlichen Pflanzenwelt, mit der unser Land so reich gesegnet ist« – nicht bestraft, wie Narren meinen –, hört man nach Jahrzehnten heute noch kluge Dorfschullehrer und Universitätsprofessoren wiederkehrend akklamieren, »gehört nicht gedankenlos in den Ofen, sie ist für Retorten geschaffen und der Rohstoff unserer chemischen Industrie auf Jahrhunderte, vielleicht Jahrtausende, der uns von den Unbilden der Märkte unabhängig macht«. Dessen eingedenk trat in Sachsen schon 1918 das Kohlebergbaurecht in Kraft, in dessen Folge der Staat Eigentümer der Braunkohlenlagerstätten wurde und nunmehr auch höchsten Einfluß auf ihre Erkundung und Gewinnung nahm (1920). Nordwestsachsen entwickelte sich zu einem der größten Abbaugebiete dieser Kohlenart auf der Erde und schließlich die Region zwischen Leipzig und Borna mit den Werken Böhlen und Espenhain auch zu den bedeutendsten Braunkohlenveredlungszentren der Karbochemie, damit zum Spiegelbild bzw. Modell intensiver wie extensiver Übertagekohlegewinnung in Großtagebauen (Böhlen, Espenhain), initialer Massenaufhaldungen zu »Tafelbergen« (Halde Böhlen, Trages) und gigantischer kombinierter Industrieanlagen mit Kraftwerken, Brikettfabriken, gewaltigen Schwelereien und nachgeordneten Gewinnungsstätten von ungezählten chemischen Produkten bis hin zu Ölen und Treibstoffen. Diese Kombination auf der Basis eigener Rohstoffe galt über Jahrzehnte weltweit als Leuchtturm wissenschaftlich-technischen Innovations- und Leistungsvermögens unseres Landes, das mit der politischen Wende möglicherweise zum Nachteil künftiger Generationen in ein Nichts zerstob. Diese auch zu einer unglückseligen Politik mißbrauchte fortschrittliche Entwicklung war janusköpfig wie wenig andere im modernen Industriezeitalter. Die Zerstörung des Bodens bis in über 50 m Tiefe pro – bergbaulich wie industriell – genutzter Flächeneinheit zählte wohl mit zu den intensivsten auf der Erde. Die sich über den technisch rasch alternden Chemie- und Kraftwerken bildende apokalyptische Glocke aus dunklem Rauch, weißen und grauen Dämpfen, giftgelben Gasen breitete sich strähnenartig nach Osten bis in den Elberaum, nach Norden bis über Leipzig hinaus aus mit einer Last an Gerüchen, die plutonischen Abgründen und Kloaken mittelalterlicher Städte zu entsteigen schienen. Der Leipziger pflegte abmildernd zu sagen: »Es riecht nach Böhlen«, während gleichzeitig martialische Detonationen wahrzunehmen waren, ja bisweilen sogar Bodenschütterungen, die von Sprengungen großer Findlinge und eingelagerter Kalkstein- und Quarzitkörper stadtnaher Tagebaue herrührten. Jene Gerüche vermischten sich mit Ausdünstungen, die dem rötlich-violetten Wasser der Pleiße und ihrer Nebenbäche (Gösel) entstiegen, die schrittweise zu Abwasserkanälen verkommen waren. Nicht zuletzt durch die Lage an einer Fernverkehrsstraße, also gewissermaßen unter den Augen einer breiten Öffentlichkeit, spiegelten sich hier Licht- und Schattenseiten des rasanten Aufstiegs und der Kulmination des zunächst schleichenden, schließlich kollapsartigen Niederganges einer Industriekette von der Kohlegewinnung bis zu einer hochentwickelten Karbochemie im Kombinat Espenhain samt seinem Umland.

Das in den letzten Jahren seiner Existenz eher an infernale Szenerien aus Dantes Göttlicher Komödie, denn an ein modernes Industriekombinat erinnernde Unternehmen wird im Osten von der Hochhalde Trages überragt, deren Oberfläche und weithin auch steile, lebensunfreundliche Hänge die Kunst der Forstleute und die der Natur trotz der enormen Umweltbelastung zum Grünen gebracht hatten. Sie schien, dünkte es einem, den in der Dunstglocke des Werkes arbeitenden Menschen und jenen, die auf der benachbarten Fernverkehrsstraße vorübereilten, den abendlichen Westfernsehspot: »Die Natur braucht uns nicht ...!« zuzurufen. Und nur wenige Meter entfernt von dieser Straße öffnete sich bei guter Sicht ein Blick auf die gesamte Leipziger Bucht bis hinüber zu den Randhöhen bei Hohenmölsen, die mancher berühmten Vulkanlandschaft unserer Erde an Abgründigem und Bizarrem nicht nachstand: Im unmittelbaren Vorfeld in aller Schärfe und feinsten Details und Farbnuancen, dann allmählich bis zu den bloßen Umrissen verblassend, zeichneten sich riesige Erdkrater ab. Zum ersten, dem Tagebau Witznitz, leitete eine steile Geländestufe von 25 bis 35 m Höhe hinab, die auch der Geübte nur unter Gefahr des Absturzes überwinden konnte. Der obere Teil bestand aus mächtigen braunen bis tiefdunkelgrauen steinigen Gletscherlehmen, sog. Grundmoränen, mit Einlagerungen aus Sand, Kies und Bändertonen. Das induzierte im Eingeweihten das Bild von den Steilhängen auf der Insel Rügen oder Hiddensee. Und wenn sich dieser vergegenwärtigte, daß die riesige Vertiefung, die immerhin so groß, wenn auch weniger tief als der weltbekannte Meteoritenkrater von Arizona oder der des Vesuvs war, dereinst mit Wasser gefüllt sein wird, rundete sich der Vergleich ab. Von dem dunklen Grau der eiszeitlichen Schichten in der Tiefe ging die pastellene Farbpalette in ein Grau-Weiß-Gemisch der festländischen Thierbacher und marinen Böhlener Schichten über. Dann folgte das Objekt des ungeheuren Erdeingriffs – die beiden je nach Feuchtigkeit dem Auge bald braun, bald schwarz erscheinenden Flöze: Das Böhlener Ober- und das Bornaer Hauptflöz, die ein weithin schneeweißer Sand von 1 bis 12 m Mächtigkeit trennte, die sog. Hainer Sande. Jenseits der Pleiße zeichnete sich mit noch deutlichen Strukturen der Tagebau Peres, im Süden davon der Umriß des Tagebaues Schleenhain ab, und am Horizont der riesige Aufschluß der Tagebaue Profen-Nord und -Süd, die lange zusammengewachsen sind und im Jahre 2006 auslaufen. Schleenhain und der jüngste Tagebau des Reviers, Schwerzau, in den Profener Feldern, werden voraussichtlich bis in die Mitte unseres Jahrhunderts aktiv bleiben, die letzten intakten Felder mit hochwertiger Braunkohle ausbeuten und vielleicht noch den Beginn einer neuen Etappe der Karbochemie erleben.

Witznitz. Bergbau und Seen

Der Bergbau in den Witznitzer Feldern zwischen der Bahnstrecke Leipzig–Borna, der B 95 und Borna und Rötha mit weit mehr als 10 km² Fläche, der 1911 begann und dem Ortschaften weichen mußten, die oft schon aus dem Gedächtnis der jüngeren Generation verschwunden sind wie Heringsdorf, Abtsdorf, Tummelwitz, Witznitz (bis 1944) und Treppendorf, Trachenau, Kreudnitz, Hain und Kleinzössen zwischen 1960 und 1973, hinterläßt vier Seen mit einer Gesamtwasserfläche von rund 8 km², was etwa der Hälfte der Betriebsfläche entspricht.

Längst zum Begriff geworden ist das 1,3 km² große Speicherbecken Witznitz unmittelbar nördlich von Borna mit einem Wasserfassungsvermögen von 26 Mill. m³, das aus dem 1944 eingestellten Tagebau Witznitz I hervorging. Kurz nach Kriegsende 1946 begann der Aufschluß des Tagebaues Witznitz II aus zwei kleinen Tagebauen der Grube Dora-Helene II mit neun Gewinnungsgeräten und zwei Absetzern, also Geräten, die Abraummassen in die erdgeschichtlich neue Ewigkeit deponierten, die vielfach aber nur wenige Jahrzehnte währte. Vorgesehen war die Überbaggerung der gesamten Fläche westlich der B 95 vom Tal der Eula bis Rötha; ein Viertel überlebte und bleibt Reserve für spätere Zeiten der Bedrängnis. Auf der Betriebsfläche Witznitz II von 10,2 km² Ausdehnung wurden zwischen 1946 und der endgültigen Stillegung des Tagebaubetriebes im Jahre 1993 insgesamt 256 Mill. Tonnen Rohbraunkohle des Bornaer Hauptflözes und des Böhlener Oberflözes gewonnen, bei einer maximalen Jahresförderung von 8,1 Mill. Tonnen. Zu diesem Zwecke mußten 643 Mill. m³ Abraummassen, Lockergestein zwischen und über den Flözen, bewegt werden. Das Verhältnis Abraum-Kohle betrug 2,5 : 1. Die Tagebautiefe lag zwischen 40 und 65 m (Sohle bei +80 und +108 m NN). Die Kohle wurde im Zugbetrieb bzw. mittels einer Schrägbandanlage, der Abraum im Zug- bzw. ab 1988 im Bandbetrieb bewegt. Die Einstellung des Tagebaues erfolgte auf dem Höhepunkt seiner technischen Ausrüstung. Großgeräte wurden nach dem Tagebau Vereinigtes Schleenhain/Peres umgesetzt.

Wenn auch Rekultivierung und Nachnutzung der riesigen Flächen niemals aus dem Auge verloren waren und erhebliche Mittel zur Gestaltung und Nutzung der Kippen auf der Basis bodenkundlicher Untersuchungen flossen, begann die Kampagne der großen Sanierungsarbeiten erst 1991 und endete 1998. So wurden rund 16 Mill. m³ sogenannter Sanierungsabraum mit Groß- und Hilfsgeräten bewegt. 190 ha Fläche wurden begrünt, 25 ha bepflanzt. Es mußten in dieser Zeit knapp 50 Mill. m³ Wasser gehoben werden. Der hinterbliebene gewaltige Krater zwischen der B 95 und dem Pleißetal, auf das er sich infolge der Tagebauführung öffnet, wird sich mit und ohne Mensch bis in Vorfluthöhe mit Grund- und Oberflächenwasser füllen. Die Wasserspiegelhöhe ist auf ca. +126 m NN festgelegt worden, das ist das Niveau des zur Pleiße abfließenden künftigen Überschußwassers. Durch dammartige Aufschüttungen entstehen drei Seen, der Kahnsdorfer See, der Haubitzer und Hainer See mit einer Gesamtwasserfläche von rund 6,5 km². Der 1,13 km² große Kahnsdorfer See liegt auf Kippengelände in der ehemaligen Pleißenaue und wird von einem etwa 2 m hohen Damm vom Hainer See getrennt. Im Norden stößt er mit einer markanten bewaldeten Stufe von ca. 20 m Höhe an die Moränenhochfläche östlich von Rötha. Der Wasserspiegel lag im Jahre 1998 bei +100 m NN und wird ohne Fremdflutung eine Höhe von +126 m NN erreichen. Den See begleiten schmale Röhrichtsäume und auf der Westseite ein Streifen von Birken mit Weiden. Staffelartige und unregelmäßige Uferabbrüche beleben hier zwar die Morphologie und geben Einblick in das Lockergestein des Untergrundes, doch bilden sie auch einen unberechenbaren Gefahrenherd für Besucher. Mit einem pH-Wert von 2,8 bis 3,0 ist das Wasser bemerkenswert sauer.

Hainer See und Haubitzer See sind zur Brechung der Windkraft durch einen bis 4 m hohen künstlichen Damm getrennt, stehen aber über einen schiffbaren kanalartigen Einschnitt in Verbindung. Die beiden maximal 35 m (+91,6 m NN) bzw. 24,6 m (+101,4 m NN) tiefen Seen nehmen eine Fläche von 5,76 km² ein und besitzen ein Volumen von 118 Mill. m³. Da sich im abflußlosen Zustand der Wasserspiegel auf rund +130 m NN einstellen würde, fällt absenkungsbedingt ein Überschußwasser von rund 9 m³/min an, das über einen wiederum schiffbaren Kanal, der nördlich des Kahnsdorfer Sees vorbeiführt, abgeleitet wird.

Schornstein- und Kühlturmbatterie von Espenhain und Thierbach um 1990.

Zur rascheren Füllung und Abwehr von Erosion und Rutschungen, die in der Vergangenheit eingetreten sind, werden dem Seenpaar seit 1999 über eine 7 km lange Brauchwasserleitung Sümpfungswässer des Tagebaues Vereinigtes Schleenhain zugeführt, 2005 rund 3 Mill. m³. Der Endwasserstand soll 2007 erreicht sein. Das zugeführte, im Nährstoffgehalt akzeptable Wasser wird mit seinen neutralisierend wirkenden Eigenschaften sowohl der Versauerung des Seewassers entgegenwirken als auch eine Eutrophierung nicht begünstigen. Kalkhaltige Erdschichten, sogenannte Geschiebemergel, wirken in die gleiche Richtung, so daß man den Seen Wassereigenschaften prognostizieren kann, die für Badezwecke gut geeignet sind, aber auch die Planktonbildung und den sonstigen Bewuchs nicht über die Maßen fördern. Das zu erreichende Ziel der Landschaftsplanung für den Hainer See ist seine Nutzung bevorzugt für Erholungszwecke, im Bereich des Haubitzer Sees soll sich die Natur weitgehend nach ihren Möglichkeiten und Absichten entfalten können. Der Kahnsdorfer See soll ›Landschaftssee‹ sein und möglichst wenig strapaziert werden. Badestrände und Hafen, damit Bootsbetrieb und andere Einrichtungen, ein ausgebautes Wegenetz für den Fußgänger wie Radfahrer, aber auch Biotope vor allem von Flachwasserzonen, wo sich Flora und Tierwelt frei entfalten können und sich schon über 100 Tierarten angesiedelt haben, sollen ein vertretbares Maß von Abwechslung garantieren, viele Interessen befriedigen, körperliche wie geistige. Aussichtspunkte im Norden und Osten vermitteln einen vortrefflichen Überblick über das Gesamtpanorama der Seen, das es nach fortgeschrittener Begrünung und Bewaldung mit vielen von der Natur bevorzugten Flecken der Norddeutsch-Polnischen Glaziallandschaft aufnehmen kann.

Selten erscheint es so angebracht, von der Ironie der Geschichte sprechen zu müssen wie bei der Betrachtung der wirtschaftlichen und morphologisch-landschaftlichen Entwicklung der Region um

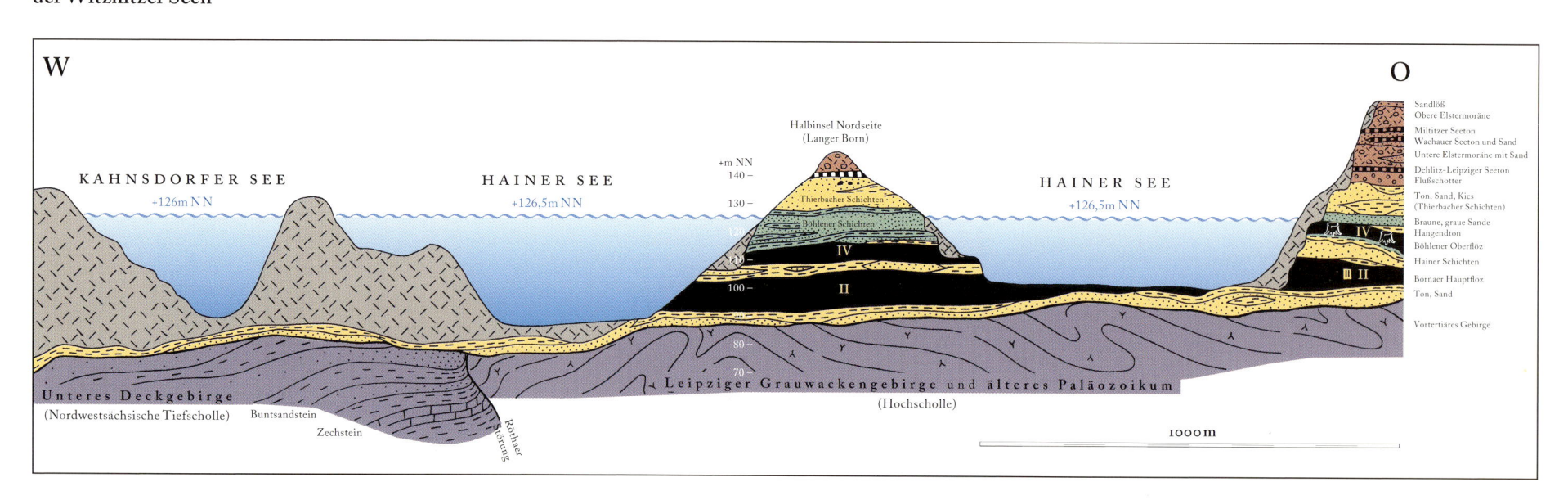

Blick nach Kahnsdorf
über den gleichnamigen See.

Geologischer Schnitt der Witznitzer Seen

Borna und Rötha. Nach einem kometenhaften, scheinbar unaufhaltsamen wirtschaftlichen Aufstieg auf der Basis des höchsten wissenschaftlich-technischen Standes der Zeit nach dem Ersten Weltkrieg, schleichendem Verfall durch Verschleiß und Mangel an Investitionen einer Hochleistungsindustrie in den letzten Jahrzehnten des 20. Jahrhunderts, einer damit einhergehenden Umweltbelastung ohnegleichen in einer dicht besiedelten alten Kulturlandschaft, schließlich einem wirtschaftlichen Kollaps in der Nachwendezeit, der Zehntausenden Menschen den Verlust des Arbeitsplatzes brachte, entsteigt aus Landschaftstrümmern einer der künftig wohl schönsten Landschaftsparks in Mitteldeutschland. Zeiten maßlosen Aufstiegs auch auf Kosten der Natur und des Falls ins Bodenlose sind Zeiten des Versagens der Politik. Gärten, winzige im Hinterhof wie solche Kunstwerke, die ganze Landschaften einnehmen, sind von alters her das Idealbild des Menschen von der Welt, Stätten des Zurruhekommens, des Besinnens, des Blicks zurück und in die Zukunft. Mitteldeutschland wird in wenigen Jahrzehnten reich mit diesen Stätten der Verschmelzung von Kultur und Natur beschenkt sein. Mögen sie nicht nur zum Dorado von Naturschwärmern und Erholungssuchenden werden, sondern auch zu Besinnungsstätten jener, die politische, wirtschaftliche und ökologische Verantwortung im Lande tragen.

Haubitzer See mit Findling und Blick zum stillgelegten Kraftwerk Thierbach.

Drei-Seen-Ensemble

Das vom Tagebau Witznitz südwestlich der B 95 zwischen Espenhain und Eula hinterlassene rund 20 m in eine Geschiebemergelplatte eingelassene und in die Pleiße entwässernde Ensemble aus Haubitzer See (Vordergrund), Hainer See (o.) und Kahnsdorfer See (links o. vor Kraftwerk Lippendorf).

Dritter Teil

Werden und Vergehen in Jahrmillionen
Überlieferte Zeiten und Verlorene Orte

Kleiner Abriß der Erd- und Urgeschichte der Region

Verstehen kann man das Leben nur rückwärts.
Leben muß man es vorwärts.

Sören Kierkegaard

Mammutbaumstubben aus dem Tagebau Espenhain im Geopark der Universität Göttingen

In bezug auf die ältere Erdgeschichte könnte man die Umgebung von Markkleeberg und damit das Seengebiet als »Raum der verlorengegangenen Zeiten« apostrophieren. Zwar ist die Zeit ewig, ohne Anfang und Ende, wohl aber können die Zeugen einer bestimmten Zeitspanne zumindest regional vollständig ausgelöscht sein. Und das ist hier über Hunderte von Millionen Jahren der Fall.

Das **geologische Fundament** der Region aus Gesteinen der Erdfrühzeit und aus dem Erdaltertum, das schon mit 100 m tiefen Bohrungen zu erreichen ist und in den Jahrzehnten der geöffneten Erde am Grunde der Tagebaue in Gestalt von Kaolinbergen ans Licht trat, besteht aus einer 1 000 bis 2 000 m mächtigen Schichtenfolge aus Grauwacken, sandsteinartigen Gesteinen, und stark verfestigten Ton- und Schluffsteinen. Erstere bilden bis über 1 m mächtige feste Bänke, jene zentimeter- bis dezimeterstarke Platten. Sie sind intensiv gefaltet und stehen oft schräg bis senkrecht. Es sind sog. Flyschsedimente, das heißt während gebirgsbildender Bewegungen aus Trübeströmen im Gefolge meist großer subaquatischer Rutschungen auf dem Meeresboden abgesetzte feinkörnige Schichten aus oft eckigen Bestandteilen. Ihr Alter ist riphäisch bzw. wendisch; sie gehören also zum Proterozoikum oder Algenzeitalter. Damit sind sie älter als 570 Mill. Jahre und können auf rund 600 Mill. Jahre geschätzt werden. Bis auf winzige Flitterchen aus Graphit, Hinterlassenschaften von Algen, sind sie fossilfrei. Erstmals gefaltet wurden diese Schichten wahrscheinlich in der Cadomischen Gebirgsbildungszeit am Ende des Proterozoikums. Vor rund 550 Mill. Jahren, im tieferen Kambrium, drangen im nordwestlichen Sachsen saure Magmen in das Grauwackengebirge ein und erstarrten zu mächtigen Granodioritkörpern, granitartigen Gesteinen. Sie wurden auch unter Markkleeberg-West bis Leipzig-Lößnig und weiter nach Nordosten bis Leipzig-Stötteritz erbohrt.

Und nun die »ältere verlorengegangene Zeit«. Es besteht guter Grund zu der Annahme, daß das gefaltete und durch Granite versteifte Grauwackengebirge im Kambrium wieder zu sinken begann und die Senke in einem Zeitraum von rund 300 Millionen Jahren mit weit über 1 000 m mächtigen marinen Schichten des (?) Kambriums, Ordoviziums, Silurs, Devons und Unterkarbons gefüllt wurde. In der im Grenzzeitraum Unterkarbon/Oberkarbon liegenden sudetischen Phase der mitteleuropäischen varistischen Gebirgsbildung (Steinkohlengebirge) erfolgte eine intensive Faltung dieser Schichten, danach ihre Zerblockung und Heraushebung und schließlich Abtragung bis in das Fundament aus Grauwacke und Granit. In der Umrandung des aufgestiegenen Blocks blieben gleichalte Schichten flächenhaft oder punktförmig erhalten. Nächstjüngere Hinterlassenschaften der Erdgeschichte der Region existieren erst wieder aus der Oberkarbonzeit, dem Westfal und Stefan, d.h. aus einer Zeit von vor rund 290 bis 310 Mill. Jahren. Es sind rot und braun gefärbte verfestigte Kiese, Konglomerate, Sand-, Ton- und Schluffsteine, die eine steinkohlenzeitliche Flora führen. Sie kommen erst westlich der Weißen Elster vor, wo sie mehrfach erbohrt wurden und im Westen der Stadt Leipzig auch zutage treten.

Im jüngsten Abschnitt des Erdaltertums, dem oberen Perm oder Zechstein, wurde im Zusammenhang mit einer großen Meeresüberflutung Nordwest- und Mitteleuropas der gesamte Leipziger Raum bis in die Gegend von Zwickau und Gera vom Meer bedeckt. Die südlich der Linie Kitzen–Rötha–Lausick hinterlassene Schichtenfolge mit mächtigen Karbonaten, vor allem Dolomit, und Sulfatgesteinen (Anhydrit und Gips) erlangte später für die Braunkohlenbildung eine bedeutende Rolle.

Auch Schichten des folgenden **Erdmittelalters**, insbesondere der Trias mit Buntsandstein und Muschelkalk, kamen auf der Nordwestsächsischen Hochscholle um Leipzig-Markkleeberg zum Absatz. Nachdem dieses Tafelgebirge in der höheren Kreidezeit weitspannig gefaltet und an Störungen in Schollen zerlegt worden war, erfolgte wie 200 Mill. Jahre vorher in der Steinkohlenzeit eine erneute Heraushebung des Gebietes und eine damit verbundene Abtragung der über 500 m mächtigen Deckgebirgsschichten. Ein zweites Mal wurde das Grundgebirge freigelegt. Es ist die zweite, jüngere Periode der »verlorengegangenen Zeit«. In dem tektonisch beruhigten Abschnitt der höchsten Kreidezeit und des älteren Tertiärs unterlag das alte Gebirge einer intensiven chemischen Verwitterung. Durch Wegführung von etwas Kieselsäure und aller Alkalien bildete sich Kaolin oder Porzellanerde. Besonders betroffen wurden die granitischen Gesteine und die Grauwacke. Die Porzellanerdeschicht unter Markkleeberg, Güldengossa, Störmthal, Großpösna bis zum Auftauchen der Felsen bei Hainichen und Otterwisch besitzt eine Mächtigkeit von durchschnittlich 15 bis 35 m, maximal von 85 m, wie durch zahlreiche Bohrungen nachgewiesen ist. Wo das zersetzte alte Gebirge höher aufragt, wurde es in Form der sog. Ton- oder Kaolinrücken von den Baggern angeschnitten und im Bereich der Förderbrücke bis zum Übergang in festes Gestein sogar durchschnitten. Es handelt sich bei den Hügeln um Reste von Inselbergen, die wie in Ost- und Südafrika unter subtropischen Bedingungen entstanden sind und die Landschaft schwarmweise wenige Dekameter, vereinzelt 50 bis über 100 m überragten.

Kohlemoore und Urnordsee in der Leipziger Bucht
Braunkohlenzeit (Tertiär)

Vor rund 50 Millionen Jahren, im frühen bis mittleren Eozän, war das Land durch weiträumige endogene Bewegungen so tief abgesenkt, daß die Inselberglandschaft in Fluß- und Seesedimenten zu ertrinken begann. Die südlichen Gebirge existierten noch nicht, das Einzugsgebiet der Flüsse reichte bis in das Gebiet des heutigen Böhmen. Auch Flüsse aus Thüringen und Nordostbayern nahmen ihren Weg durch die Leipziger Bucht. Die östlichen Fließgewässer (»Zwickauer Fluß«) wandten sich zwischen Markkleeberg und Groitzsch nach Nordwesten bis Westen, vereinigten sich mit den von Südwesten kommenden Flüssen, um über das Gebiet zwischen Lützen und Mücheln in das Norddeutsche Senkungsgebiet abzufließen. Die Zeit der zunächst örtlichen, dann flächenhaften Vermoorung mit der Bildung von Torf, aus dem sich durch Inkohlungsprozesse die Braunkohle entwickelte, begann noch im Mitteleozän vor ca. 50 Millionen Jahren. Das Sächsisch-Thüringische Unterflöz ist der älteste flächenhaft verbreitete Kohlekörper der Leipziger Bucht. Doch erreicht er längst noch nicht die Ausdehnung des obereozänen Bornaer Hauptflözes und unteroligozänen Böhlener Oberflözes, der in den Tagebauen Zwenkau, Cospuden und Espenhain gewonnenen Braunkohlenflöze, die unter Markkleeberg bis in das nördliche Stadtgebiet von Leipzig weiterziehen, wobei die Mächtigkeit des Bornaer Hauptflözes stark ab-, die des Böhlener Oberflözes bis in den Süden Leipzigs zunimmt. Unter dem Augustusplatz besitzt das Bornaer Flöz nur noch eine Stärke von rund 1 m, das Böhlener Flöz von 12 m, bei einem trennenden Ton von rund 1 m Mächtigkeit.

Noch vor der Moorbildung des Böhlener Oberflözes drang die tertiäre Nordsee zum ersten Male in einer flachen, durch schmale Landzungen gegliederten Bucht mit Lagunen hinter den Stränden in die mittlere Leipziger Bucht bis in die Gegend südlich von Markkleeberg und südlich von Pegau vor. Während des Meeresrückzuges setzte die Moorbildung des Böhlener Oberflözes ein, die bis zum Zeitpunkt einer erneuten Meeresüberflutung fast ohne Unterbrechung weiterging. In zwei Überflutungsphasen schob sich das mindestens 50 m tiefe Meer bis Zeitz, vielleicht bis Gera nach Süden vor. Es kamen die überwiegend aus Feinsanden, im mittleren Teil aus Schluff und Ton bestehenden unteroligozänen Böhlener Schichten zum Absatz. Sie bilden in der Leipziger Bucht die Hauptfundschicht von Moostierchen, Armfüßern, Muscheln, Schnecken, Krebstieren, Stachelhäutern, Fischen (Knorpel- und Knochenfischen), Reptilien (Krokodile, Schildkröten), Vögeln und Säugetieren, darunter Resten von eingeschwemmten Landsäugern wie Nashorn, Tapir und Schreckschwein, sowie Grab- und Wühlgefügen von Würmern, Mollusken, Seeigeln und Krabben. Das Landschaftsbild dieser Zeit war geprägt von breiten, weichen Sandstränden, die von Dünen überragt wurden. Lagunen oder kleine Haffseen im Hinterland, Schilfgürtel und Mangrovenwälder in Buchten vervollkommneten das Bild der anmutig-stillen Küstenszenerie an den südlichsten Gestaden der oligozänen Urnordsee in Mitteleuropa, in der Bucht von Leipzig.

Die braunkohlenzeitliche Folge in der weiteren Umgebung von Markkleeberg schließt ab mit Sanden, Kiesen und Tonen der oberoligozänen Thierbacher Schichten und hellen Tonen, glimmerreichen Sanden mit Relikten eines unreinen Braunkohlenflözes des unteren Miozäns (Bitterfelder Schichten).

Flußschotter und Gletscherablagerungen
Eiszeit und Nacheiszeit (Quartär)

Nach der Braunkohlenzeit schnitten sich die Flüsse mit Unterbrechungen während der Kaltzeiten bis 40 m in die braunkohlenzeitlichen Schichten ein. Während dieser Halte wurden in breiten Tälern 6 bis 12 m mächtige Flußschotter abgesetzt. Ein bemerkenswertes Tal aus dieser Zeit zieht in 25 bis 35 m Tiefe östlich von Markkleeberg über Wachau nach Leipzig-Connewitz. Es wurde von der Wyhra, einem Arm der Zwickauer Mulde und dem heute nicht mehr existierenden Großpösnaer Fluß angelegt. Diese Gewässer vereinigten sich in der inneren Südstadt Leipzigs, eine Zeitlang sogar bei Markkleeberg, mit der Saale und der ihr tributären Weißen Elster, die ihren Weg über das Gebiet der Tagebaue Zwenkau, Cospuden und Espenhain genommen hatten.

Das elstereiszeitliche Inlandeis stieß, einen großen Stausee vor sich her schiebend, zweimal über den Leipziger Raum bis in die Gegend von Zwickau bzw. Altenburg vor. Die zurückgelassenen Sedimente sind in Form von Grundmoränen (Geschiebemergeln), Schmelzwassersanden und Seeablagerungen, darunter die des großen Wachauer Sees, vor allem in dem fossilen Tal östlich von Markkleeberg und im frühelstereiszeitlichen Saale-Weißelster-Tal um Knautnaundorf erhalten. Für den Markkleeberger Raum bemerkenswert ist der Befund, daß während des Zerfalls des elstereiszeitlichen Inlandeises die Zwickauer Mulde mit der Zschopau, aus der Gegend von Grimma kommend, in Richtung des Göseltales, über Gaschwitz und Leipzig-Windorf das heutige Seengebiet in nordwestlicher Richtung querte. Aus der Holsteinwarmzeit ist ein einziges Sedimentvorkommen bekannt, nämlich von Gaschwitz.

Die große Abkühlung der Saaleeiszeit führte zur Aufschüttung eines mächtigen Schotterkörpers der Gösel, Pleiße und westlich der Weißelsteraue der Weißen Elster. Es entstand die durch ihre reichen alt- und mittelpaläolithischen Artefaktfunde um Markkleeberg und Eythra-Knautnaundorf berühmt gewordene Hauptterrasse (vgl. unten). Das Inlandeis der Saaleeiszeit staute wiederum einen bedeutenden Glazialsee in den Tälern auf, in dem sich der Böhlener Bänderton absetzte. Es überfuhr diese Region zweimal. In der ersten Vereisungsphase drang es bis in die Gegend von Altenburg, in der zweiten mindestens bis in das Göselgebiet bei Magdeborn vor. Zwischen den Vorstößen kam hier ein durchschnittlich 2 m, maximal 4 bis 5 m mächtiges Seesediment, der Bruckdorfer Bänderton, zum Absatz.

32 Mio. Jahre altes Oberkieferfragment einer bisher unbekannten Nashornart aus dem Tagebau Espenhain

Aus der folgenden Warmzeit, dem Eeminterglazial, sind nur außerhalb der beschriebenen Region Sedimente bekannt. In der Weichseleiszeit entstanden in der Weißelster- und Pleiße-Gösel-Aue bis 8 m mächtige Flußschotter. Auf den Hochflächen und Talhängen wurden ein 0,5 bis maximal 1,5 m mächtiger Sandlöß und sandiger Löß von Winden aufgeweht, die vom weichseleiszeitlichen Inlandeis in Brandenburg und Mecklenburg als Fallwinde nach Süden strömten. In der erdgeschichtlichen Gegenwart, dem Holozän, setzten die Flüsse in den heutigen Tälern geringmächtige Schotter und seit der beginnenden Jungsteinzeit vor ca. 7 000 Jahren (Bandkeramik) zunächst geringmächtige, seit dem Hochmittelalter um 1200 n. Chr. die ganze Breite der Auen überziehende 2 bis 4 m starke Auelehme ab.

Der erste Markkleeberger und seine Nachfahren

Archäologische Funde aus dem Gebiet der Tagebaue Espenhain und Cospuden

Weit über die Grenzen Deutschlands hinaus wurde Markkleeberg archäologisch bekannt durch die hier aufgefundenen Hinterlassenschaften des eiszeitlichen Menschen. Die ersten Funde konnten bereits in den Jahren 1895 durch den Geologen F. Etzold und 1905 durch den Archäologen K. H. Jacob in Kiesgruben am Ortsrand entdeckt werden (vgl. auch S. 96 f.). Bei den seither im Fundgebiet südlich von Markkleeberg geborgenen etwa 10 000 Fundstücken handelt es sich um Werkzeuge (Schaber, Spitzen, Faustkeile) aus Feuerstein, hauptsächlich aber um die bei ihrer Herstellung anfallenden Abfallstücke (Abschläge, Kernsteine). Außerdem fanden sich Reste der Tierwelt dieser Zeit: Knochen und Zähne von Mammut, Nashorn, Wildpferd und Rind. Der sich zwischen Markkleeberg und Geschwitz erstreckende Fundhorizont konnte geologisch eindeutig in die beginnende Saaleeiszeit eingestuft werden. Grund für den Aufenthalt von Menschen bei Markkleeberg während der wärmeren Abschnitte dieser Zeit oder vielleicht auch schon in der vorangegangenen Holsteinwarmzeit war vor allem der an den Hängen des Pleiße-Gösel-Flußtals freigespülte und auf dem Talgrund angereicherte Feuerstein aus den Moränen der elstereiszeitlichen Vereisung, der für die Werkzeugherstellung genutzt wurde. Umfangreiche Untersuchungen zwischen 1977 und 1980 an der Abbaukante des Tagebaus Espenhain, dem fast alle der älteren Fundstellen zum Opfer gefallen sind, und erneut zwischen 1999 und 2001, während der Sanierung des Tagebaurestloches, trugen der Bedeutung des Fundplatzes Rechnung.

Aus dem Tagebau Cospuden liegen ebenfalls altsteinzeitliche Feuersteinartefakte vor, darunter mehrere Faustkeile. Die etwa 160 Fundstücke wurden aus den weichseleiszeitlichen Schottern der Weißen Elster geborgen und sind teils gleichalt wie die Markkleeberger Stücke, teils wohl auch jünger. Eindeutige Zeugnisse der jägerischen Kulturen des späten Eiszeitalters wurden in beiden Tagebauen nicht entdeckt.

Aus der vor etwa 10 000 Jahren beginnenden holozänen Warmzeit liegt dagegen ein sehr umfangreiches archäologisches Fundmaterial vor. Es soll im folgenden in einem knappen Überblick vorgestellt werden, beginnend mit dem **Gebiet des Tagebaues Espenhain**, dessen ur- und frühgeschichtlicher Besiedlungsablauf sich recht gut rekonstruieren läßt.

Der bisher einzige sichere Nachweis für die durch Jagd und Sammelwirtschaft gekennzeichnete Mittelsteinzeit sind Steinartefakte, die am südlichen Rand des Tagebaues bei Dreiskau entdeckt wurden. Mit Beginn der bäuerlichen Kulturen der Jungsteinzeit vor über 7 000 Jahren fließen dann die Quellen ergiebiger. Die bandkeramische Kultur steht am Anfang der neuen Epoche und ist durch spärliche Siedlungsfunde vom östlichen Rand der Pleißeaue sowie aus dem Gebiet um Magdeborn bezeugt. Im Gegensatz hierzu ist die Bandkeramik im benachbarten Tagebau Zwenkau (bzw. Böhlen) durch zahlreiche, z.T. spektakuläre Entdeckungen belegt. So wurden in den 1930er und 1950er Jahren im Waldgebiet Zwenkau-Harth und in den 1990er Jahren bei Eythra umfangreiche Siedlungsreste ausgegraben, bei Eythra u.a. die mit 7 200 Jahren ältesten Brunnen Deutschlands (vgl. S. 98 f.).

Nach einem Zeitraum von mehreren hundert Jahren, aus dem eindeutige Belege aus dem Espenhainer Tagebau fehlen, sind die an der Grenze zwischen Mittel- und Spätneolithikum einzuordnende Kugelamphorenkultur sowie die spätneolithische Schnurkeramik und die Glockenbecherkultur durch Grabfunde aus den Gemarkungen von Markkleeberg, Crostewitz, Cröbern, Zehmen, Geschwitz und Göltzschen vertreten.

Läßt sich für entwickelte Abschnitte der Jungsteinzeit im mitteldeutschen Raum bereits vereinzelt die Nutzung von Metallen nachweisen, wird die Metallverarbeitung für die folgenden Perioden zu einem Wesensmerkmal. Während die um 2000 v. Chr. beginnende frühe Bronzezeit nur durch Funde in der Nachbarschaft des Tagebaus nachgewiesen ist (Gefäßfund von Großdeuben, Bronzebeil von Zöbigker), sind Hinterlassenschaften der darauffolgenden bronzezeitlichen Lausitzer Kultur sehr zahlreich. Es liegen sowohl Siedlungs- als auch Grabfunde von ca. 20 Fundstellen aus dem Tagebaubereich vor.

Aus der folgenden frühen Eisenzeit (ab etwa 700 v. Chr.) und der anschließenden Latènezeit, die die letzten 500 Jahre vor unserer Zeitrechnung umfaßt, lassen sich jeweils nur wenige Fundstellen aus dem Tagebaubereich nachweisen. Es handelt sich jedoch z.T. um größere Fundkomplexe, die gerettet werden konnten. Vor allem müssen hier die zahlreichen latènezeitlichen Grabfunde von Cröbern und Zehmen genannt werden, die teilweise bemerkenswerte Beigaben enthielten. Verschiedene Fundplätze scheinen kontinuierlich bis in die darauffolgende Römische Kaiserzeit genutzt worden zu sein, aus der ebenfalls nur wenige Siedlungen (bei Crostewitz, Geschwitz und Rüben) und Bestattungsplätze (Grabfunde von Geschwitz) bekannt sind. Etwa seit der späten Latènezeit können wir – gestützt auf antike Autoren – die in unserem Raum lebenden Menschen erstmals auch ethnisch ansprechen, und zwar als

Germanen, konkret als Hermunduren. Mit Ende der Römischen Kaiserzeit im 4. Jh. wurden die hiesigen Siedlungsgebiete zum großen Teil verlassen. An der Peripherie des Thüringer Reiches gelegen, in dem auch die Hermunduren aufgegangen sind, kommt dem Raum während dieser Zeit – wie auch in den ersten Jahrhunderten der slawischen Ansiedlung (6.–8. Jh.) – wohl keine größere Bedeutung als Siedelgebiet zu. Völkerwanderungszeitliche Funde des 4./5.–7. Jh. fehlen im Tagebaugelände; eine einzelne thüringische Schale liegt (als Rest eines zerstörten Grabes) aus dem südlichen Vorgeländes des Tagebaues bei Dreiskau vor. Frühslawische Funde des 6. und 7. Jh. sind ebenfalls nicht entdeckt worden.

Jüngere slawische Funde sind in großer Zahl überliefert, meist jedoch erst aus der Zeit, in der der Leipziger Raum bis hin zur Mulde Bestandteil des fränkischen und späteren deutschen Reiches war. Ebenfalls in großer Zahl geborgen wurden hoch- und spätmittelalterliche Funde. Auf das umfangreiche mittelalterliche Fundmaterial aus diesem Zeitraum kann hier nicht im einzelnen eingegangen werden. Es sei daran erinnert, daß alle Orte, die überbaggert wurden, ihren Ursprung im Mittelalter hatten. Das sind folgende Dörfer und Gutshöfe: das südlich von Wachau gelegene Vorwerk Auenhain, an der Pleiße Zehmen, Rüben, Stöhna und Geschwitz, an der Gösel Crostewitz, Cröbern und die Orte Dechwitz, Göhren, Göltzschen, Gruna, Kötzschwitz, Sestewitz und Tanzberg, aus denen 1943 die Landgemeinde Magdeborn gebildet wurde, außerdem das bei Störmthal gelegene Rödgen. Dazu kommen noch mindestens zwei Ortswüstungen, das ehemalige Dorf Getzelau bei Crostewitz und eine östlich von Rötha gelegene Wüstung, und mehrere Fundstellen mit slawischen Kulturresten. Die Verluste an Denkmälern dieser Zeit sind also sehr groß. Ausgrabungen fanden u.a. in Geschwitz, Rüben und Cröbern, besonders aber im Bereich um Magdeborn statt. Untersucht wurde außer der Kirche auf dem Tanzberg vor allem eine befestigte Hofanlage in der Göselaue bei Kötzschwitz. Diese ist wohl als ein Wirtschaftshof des auf dem Kellerberg von Göhren gelegenen Burgwards des 10. Jh. anzusehen.

Während der Zeit ab dem 9. Jh. bildeten sich die Grundlagen der späteren Besiedlungsstruktur heraus, die letztlich bis zur Tagebauüberbaggerung Bestand hatte.

War es uns möglich, mit Hilfe des umfangreichen Fundmaterials aus dem Tagebau Espenhain einen recht vollständigen Überblick über die frühe Geschichte dieses Raumes bis zum Mittelalter vorzulegen, so ist uns das für das **Areal des Tagebaus Cospuden** nicht gegeben. Das hat mehrere Ursachen, u.a. ist hinzuweisen auf die viel geringere Größe des Aufschlusses sowie auf die Überdeckung vieler älterer Kulturreste mit jungem Auelehm und anderen Ablagerungen, die in der Weißelseraue mehrere Meter mächtig sind. Neben den bereits erwähnten ältesten Zeugnissen für die Anwesenheit des Menschen konnten hier und im unmittelbar angrenzenden Randbereich des Tagebaus Zwenkau Funde aus der frühen Jungsteinzeit, der jüngeren Bronzezeit, der Römischen Kaiserzeit und des Mittelalters geborgen werden. Diese vermitteln freilich nur eine ungenaue Vorstellung von der in den einzelnen Zeitabschnitten z.T. klimabedingt unterschiedlich besiedelten bzw. genutzten Flußaue. Dem Braunkohlenabbau fielen auch die aus mittelalterlichen Dörfern hervorgegangenen Gutshöfe Cospuden und Lauer zum Opfer. Größere archäologische Untersuchungen fanden lediglich am Gut Lauer statt, wo Zeugnisse für die vielschichtige Geschichte dieses Ortes ab dem 9. Jh. entdeckt werden konnten.

Faustkeil (Länge 20 cm)

Markkleeberger Spitze – berühmtes Fundstück aus der Anfangszeit der Markkleeberg-Forschung und seit der Erstpublikation 1914 durch K. H. Jacob oft abgebildet; Länge 10 cm

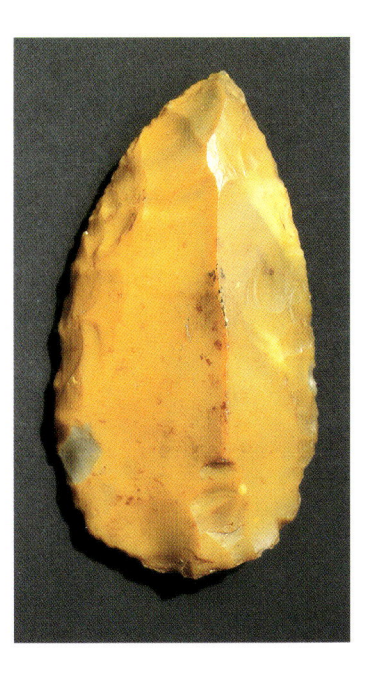

Tabula rasa oder die Verlorenen Orte

Die Schattenseiten des Übertagebergbaues waren über Jahrzehnte tabuisiert. Auf den Punkt gebracht hat sie der Verfasser in einem kleinen Beitrag über Braunkohlenbergbau und Umweltprobleme, der erst in den Nachwendejahren erscheinen konnte: »Die bis in die zweite Hälfte des 17. Jahrhunderts zurückreichende Gewinnung der Braunkohle erfolgt heute nur noch in Tagebauen. Bei der Förderung solcher Massenrohstoffe wie der Braunkohle ist diese Methode zwar die wirtschaftlich effektivste – auch was den Grad der Lagerstättennutzung der Kohle betrifft –, doch – unabhängig von emotionalen oder rationalen Wertungen – zugleich das radikalste Verfahren der Landschaftszerstörung. Anders ausgedrückt, sie ist die Ultima ratio des Bergmanns, die mit der Natur Tabula rasa macht. Der hinter uns liegende Eingriff ist auf Jahrmillionen irreversibel und besitzt damit eine geologische Dimension…«
Der Förderbrückenbetrieb, sei hier ergänzt, ist wohl das ökonomisch effektivste Verfahren der Abraumgewinnung und -beförderung, technisch jedoch das kompromißloseste und unflexibelste. In Gang gesetzt, gleicht die Methode einem unentrinnbaren zerstörerischen Naturereignis.

Mit der Überbaggerung einer Kulturlandschaft in großem Ausmaß wird in Mitteleuropa die Devastierung von Ortschaften, Einzelhöfen und -gewerken zum nahezu schicksalhaften Zwang. Im Bereich des Tagebaues Espenhain wurden 14 Gemeinden und Ortsteile überbaggert, deren Wurzeln bis ins frühe Mittelalter (8.–11. Jh.) zurückreichen:

Geschwitz	1951 – 1953
Stöhna	1955 – 1957
Rüben	1955 – 1957
Großdeuben-Ost	1956 – 1963
Zehmen	1957 – 1958
Sestewitz	1967 – 1968
Cröbern	1967 – 1972
Crostewitz	1967 – 1972
Markkleeberg-Göselsiedlung	1974
Markkleeberg-Ost (Südteil)	1974 – 1975
Vorwerk Auenhain	1976
Magdeborn und Gruna	1977 – 1980
Rödgen	1988 – 1989

Dem Brückenbetrieb des Tagebaues Espenhain muß 1980 endgültig die 3000-Seelen-Gemeinde Magdeborn weichen. Links Aufnahme um 1920: Blick über die Göselbrücke zur Kirche Magdeborn-Tanzberg, oben Aufnahme des schon siedlungsberäumten Tanzberges 1981, mit Grabungsschnitt des Landesmuseums für Vorgeschichte Dresden im Bereich eines zum Burgward Magdeborn gehörenden befestigten Wirtschaftshofes des 10. Jh. in der Göselaue.

Für die Einwohner bedeutete die Umsiedlung nicht nur einen schmerzhaften materiellen, sondern auch immateriellen Verlust: neben der Trennung von Haus und Hof, von der Landschaft, von Verwandten und Freunden die als unverwindbare Ruptur empfundene Verabschiedung von ländlicher Kultur, jahrhundertelanger dörflicher und vielfach sogar familiärer ortsgebundener Tradition und Geschichte. Für manchen kam die Aussiedlung auch im Häuslichen einer Verwerfung gleich, dem Neubeginn in einer anderen Welt: der Plattenbausiedlung in oder am Rande der Großstadt. Auch dieser Dimension des Bergbaues sollte bei aller historisch gegebenen Unabwendbarkeit der Wanderer, Angler, Segler oder Badende gedenken, wenn er sich künftig der dauerhaften positiven Folge der großen Bergbaukampagne des 20. Jh. erfreut. Wie das sagenumwobene Vineta gewissermaßen »ertrunken« sind die Ortschaften (oder Teile davon) Magdeborn, die mit über 3 200 Einwohnern größte überbaggerte Gemeinde (mit Gruna, Kötzschwitz und Göltzschen), sowie Rödgen im Störmthaler See, der südliche Zipfel von Markkleeberg-Ost im Markkleeberger See und der zu Markkleeberg gehörende, schon 1216 erwähnte Ortsteil Cospuden und das Gut Lauer im Cospudener See. Wie der künftige Zwenkauer See – analog dem Cospudener See – ebenso »Eythraer See« heißen könnte, so auch der Störmthaler See in Erinnerung an das geschichtsträchtige »medeburu« und die einstige Großgemeinde »Magdeborner See«. Eine schwimmende Kirche auf dem Störmthaler See mit einem Turm, der dem der Kirche von Magdeborn nachgebildet ist, wird künftig symbolisch an die dem Bergbau zum Opfer gefallenen Ortschaften erinnern. Diesen »Verlorenen Orten« ist auch seit Jahren eine ständige Ausstellung in der Kirchenruine Wachau gewidmet.

Aus der Renaissance stammendes Herrenhaus des Gutes Lauer im Jahre 1985 – kurze Zeit vor dem Abriß im Vorfeld des Tagebaues Cospuden.

1974 wurden die Bewohner Cospudens umgesiedelt. Kurze Zeit später fiel die Ortschaft mit Markkleebergs kleinstem Gasthof dem Kohleabbau zum Opfer.

Herrenhaus des Rittergutes Crostewitz, im 19. Jh. ein bekannter Künstlertreffpunkt der Besitzerfamilie Fiedler, 1938.

Geologie, Paläontologie und Archäologie im Spiegel von Tagebaubefunden

Das Fundament

Südlich von Güldengossa in ca. 70 m Tiefe unter der Erdoberfläche angeschnittene, vor über 570 Millionen Jahren im Meer entstandene Wechsellagerung von steil stehender Grauwacke und Tonschiefer (präkambrische Leipziger Grauwacke), die in der älteren Braunkohlenzeit und in der Kreidezeit zu Kaolin zersetzt wurden. Am Güldengossaer Ton- oder Kaolinberg keilt das Bornaer Hauptflöz stellenweise völlig aus. Von unten nach oben: Kaolin, überrolltes Bornaer Hauptflöz (rechts), bedeckt von Sand und Ton.

Tagebau Cospuden

Im Vordergrund das obereozäne Bornaer Hauptflöz, im Hintergrund unter mächtigen unteroligozänen Meeressedimenten das unteroligozäne Böhlener Oberflöz. Deutlich zeichnet sich in den Meeresablagerungen die Grenze zwischen Braunem Sand (unten) und Muschelschluff ab (rechte Seite).

1990

Der unteroligozäne Muschelschluff mit Septarien im Tagebau Cospuden. Brotlaibartige, bis zu ½ m starke und im Durchmesser bis 1½ m breite Kalkausfällungen, die sich nach dem Meeresrückzug bildeten. Oben elstereiszeitliche Flußschotter der Saale.

Zeugen der braunkohlenzeitlichen Urnordsee

Die unteroligozäne marine Sedimentfolge am Ostrand des Tagebaues Cospuden bei Zöbigker. Unten Böhlener Oberflöz, eine dünne Kiesschicht, dann die Böhlener Schichten aus horizontal geschichteten braunen und braungrauen Feinsanden mit hervortretenden Schlufflagen (Braune Sande bzw. Folge). Oben der graue Muschelschluff oder »Septarienton«.

Deponie von Septarien über braunen Meeressanden (Braune Folge) im Tagebau Cospuden bei Zöbigker.

Erdbeben oder Sturmfluten?

Durch Erschütterungen verflüssigte braune sandige Schluffe dringen sack- und kegelförmig in die liegenden hellen Feinsande der Braunen Folge über dem Böhlener Oberflöz im Tagebau Espenhain ein (Aufriß).

Die gleiche Erscheinung wie Bild oben im Grundriß.

Hobbypaläontologen legen den Phosphoritknollenhorizont frei, eine Anreicherungszone oft gut erhaltener Fossilien, vor allem von Haifischzähnen, Fischwirbeln und -knochen, Mollusken sowie Krebsrelikten. Tagebau Espenhain, Restloch Störmthal.

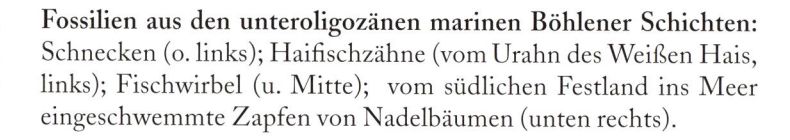

Fossilien aus den unteroligozänen marinen Böhlener Schichten: Schnecken (o. links); Haifischzähne (vom Urahn des Weißen Hais, links); Fischwirbel (u. Mitte); vom südlichen Festland ins Meer eingeschwemmte Zapfen von Nadelbäumen (unten rechts).

Weit verbreitet in den Böhlener Schichten sind sog. Spurenfossilien, Grab- und Wühlgefüge von Würmern, aasfressenden Mollusken und vor allem von Krebsen. Das Bild zeigt ein Lagunensediment der unteren Böhlener Schichten bei Gruna. Bei den braunen Ringen mit weißem Kern handelt es sich sämtlich um röhrenförmige Grabgänge. Bemerkenswert das am rechten Rand des Kegels entwickelte weiße »Rohr«, das wahrscheinlich ein Krebs beim Einbruch des Sediments als Fluchtröhre zum offenen Meeresboden angelegt hat.

Die Markkleeberger Geländestufe – ein Eiszeitforschungsobjekt in Mitteleuropa von heute und morgen.

Der Nordrand des Tagebaues Espenhain, eine wohl Jahrtausende überdauernde künftige Geländestufe, erschließt die gesamte hinterlassene mitteldeutsche Moränenfolge der Elster- und Saaleeiszeit. Im Bild ein nordwestlich von Störmthal vom Landesamt für Archäologie, Dresden, angelegter archäologisch-quartärgeologischer Schnitt. Die graue Schicht, ein Sediment des ausgedehnten Wachauer Sees, trennt die saaleeiszeitliche und jüngere elstereiszeitliche (oben) von der älteren elstereiszeitlichen Moränenfolge. Oben mehr massige Grundmoränen, unten eine Fließmoränenfolge aus steinigen Lehmen, Schmelzwassersanden und -kiesen.

Eiszeitliche Ablagerungen

Ablagerungen im elstereiszeitlichen Wachauer Eiszeitsee

Unten schräg nach Südosten einfallende Sand- und Kiesschichten eines von Schmelzwässern aufgeschütteten Deltakegels, darüber Steinsohle und Übergußsediment mit schöner Rippelbildung. Über einer weiteren dünnen Kiesschicht beginnt ein graues, feinkörniges, vorwiegend aus Schluff bestehendes Seesediment mit Strähnen und Bändern aus Feinsand, der sog. Wachauer Bänder- oder Seeton. Die Strömung im See war zumindest zeitweise nach Westen gerichtet. Tagebau Espenhain südöstlich von Güldengossa.

Der Dehlitz-Leipziger Bänderton (Seeton)

Das älteste west- und mitteleuropäische Gletscherseesediment des quartären Eiszeitalters in seiner typischen Ausbildung bei Auenhain. Hell die im Eiszeitsommer, dunkel die im Eiszeitwinter abgesetzten dünnen Schichten (Bänder). Darunter eiszeitliche Sande und Kiese des Großpösnaer Flusses, darüber Geschiebemergel, die Grundmoräne des ersten elstereiszeitlichen Inlandeisvorstoßes.

Die jüngsten Ablagerungen

Die Abfolge in den Flußauen am Beispiel des Weißelstertals im Tagebau Cospuden. Über unteroligozänem Muschelschluff brauner und grauer Kiessand der Elster- und der Weichseleiszeit mit vielen Zeugen von mehrjähriger Gefrornis, Frostrissen oder »Eiskeilen«. Darüber holozäne Schichten: 1–2 m grauer sandiger Kies, ein alt- bis mittelholozäner grauer bis dunkelgrauer humoser Schluff und der seit etwa 7 000 Jahren zum Absatz kommende braune Auelehm.

Die Eichen wanderten nach der Weichseleiszeit vor etwa 8 800 Jahren nach Mitteldeutschland ein. Hier das besonders attraktive Stammstück eines im Jahr 828 v. Chr. abgestorbenen Baumes, dessen Relikte im Garten des Westphalschen Hauses in Markkleeberg ausgelegt sind. Es stammt aus holozänen Schottern des Tagebaues Cospuden.

Markkleeberg – eine alte und neue Adresse mitteleuropäischer Altsteinzeitforschung

Auf der Suche nach dem ältesten Markkleeberger

Forschungsgrabung und Rettungsgrabung des Landesamtes für Archäologie, Dresden, am nördlichen Rand des Tagebaus Espenhain im Jahre 2000. Von unten nach oben: miozän-oberoligozäne Flußkiese, Steinsohle, artefaktführende frühsaaleeiszeitliche sandige Kiese, darüber vorwiegend gleichalte Sande. Rechts: miozän-oberoligozäne Kiese des Thierbacher Flusses (unten) und Sande (oben) des Saale-Weißelster-Wyhra-Flußsystems, in die die artefaktführenden Schichten eingeschnitten sind.

Geologischer Referenzschnitt zur altsteinzeitlichen Fundschicht Markkleeberg

Die größeren Findlinge dienten möglicherweise als Sitzgelegenheit und Amboß.

1895 und in darauffolgenden Jahren entdeckt der sächsische Landesgeologe F. Etzold am Südrand von Markkleeberg bearbeitete Feuersteine in Flußschottern. Er verschweigt diese Funde und wird sich erst 23 Jahre später dazu äußern. Ist er sich der Artefaktnatur nicht sicher? Will er auf weitere Funde warten? Ist gar die Publikation unerwünscht, weil sein weit über Sachsens Grenzen hinaus berühmter Direktor die Eiszeitforschung für sein Ressort hält? Wir wissen es nicht. Zehn Jahre später findet der Leipziger Gymnasiast K. H. Jacob zwei Feuersteinabschläge. Auf Bitte des Direktors K. Weule überläßt sie Jacob dem Leipziger Völkerkundemuseum, wo sie zunächst als Eolithen im Sinne werkzeugähnlicher Feuersteinfunde registriert werden. Diese Funde bestätigt wenig später der in Wien wirkende Dr. Hugo Obermaier, eine Kapazität der Steinzeitforschung, als echte Paläolithen, vom Menschen bearbeitete altsteinzeitliche Feuersteine. 1911 erscheint die erste Publikation von Jacob: »Paläolithische Funde aus Leipzigs Umgebung«. Zwei Jahre später kann er schon über den Fund von 300 Artefakten berichten, darunter typische Handspitzen, Klingenschaber und Klingen. Nach dem Studium französischer Sammlungen und unter dem Einfluß berühmter französischer und deutscher Fachgelehrter kommt er zur Überzeugung, Markkleeberg sei »die bedeutendste Freilandfundstelle des Moustérien in Deutschland überhaupt«. Damit wird sie unter Einbeziehung der gegenwärtigen (holozänen) Warmzeit in die vorletzte oder Eemwarmzeit bis in die Zeit der frühen letzten Eiszeit, das Frühweichselglazial, gestellt.

Wenngleich von geologischer Seite von Anfang an dieses relativ junge Alter in Frage gestellt wird, gelingt erst Ende der 1960er Jahre die Beweisführung für ein wesentlich höheres Alter des »Wirtsgesteins«, der Schotter. Im Tagebau Espenhain werden westlich von Magdeborn über artefakteführenden Flußschottern zwei durch den Bruckdorfer Bänderton getrennte Grundmoränen der Saaleeiszeit freigeschnitten. Unter den Schottern liegen spätelstereiszeitliche Kiese und Sande eines alten Mulde-Zschopaulaufes. Für die Einstufung der Schotter bleibt nur ein holsteinwarmzeitliches bis frühsaaleeiszeitliches Alter übrig. Funde von kaltzeitlichen Säugetierresten wie Mammut (über 50 Funde), Wollhaarnashorn und Pferd, in gleichalten Schichten westlich von Leipzig auch von Rentier, Riesenhirsch und Höhlenlöwe, sowie zahlreiche Strukturen, die sogar Dauergefrornis bezeugen, engen das Schotteralter auf die frühe Saaleeiszeit ein. Das absolute Lumineszenzalter der Schotter liegt nach neuesten Ergebnissen (M. Krbetschek mdl.) zwischen 155 000 (oben) und 236 000 Jahren (unten). Die eingeschlossenen Artefakte – Abschläge, Kernsteine, Klingen und klingenartige Abschläge, verschiedene Schaberformen, Messer, Spitzen, Bohrer und Faustkeile – können somit nur gleichalt und/oder älter sein. Die ältesten sind auf rund 230 000 bis 330 000 Jahre zu veranschlagen. Unter den Steinartefakten erscheint ein geringer, oft stärker patinierter Teil nach der Form altertümlich, die Mehrzahl fortschrittlich. Stücke in vollendeter Gestalt unter den Spitzen und Faustkeilen beweisen eine meisterhafte handwerkliche Geschicklichkeit zumindest einiger Hersteller. Hochentwickelter Spürsinn kommt darin zum Ausdruck, daß offenbar das Rohmaterial aus Feuerstein dort gesammelt wurde, wo es durch Abschwemmung von den Hängen und Aufbereitung durch den Fluß schon natürlich angereichert war, nämlich am westlichen und südlichen Ausstrich der feuersteinreichen Gletscherablagerungen (Geschiebemergel, Schmelzwasserkiese) der Liebertwolkwitz-Belgershainer Grundmoränenplatte.

Die Frage freilich, welche Menschenart die Artefakte angefertigt hat, bleibt zunächst unbeantwortet. Trotz optimaler Aufschlußverhältnisse in der Leipziger Bucht haben sich bisher keinerlei unmittelbare Reste der Hersteller gefunden. Die ältesten Knochenreste eines Menschen in Mitteldeutschland in Form von Schädelfragmenten und Zähnen stammen aus den Kalk-Quellabsätzen von Bilzingsleben bei Artern (D. Mania, U. Mania und E. Vlček 2000). Sie werden einer Spätform des Homo erectus, eines Menschen mit aufrechtem Gang, zugeschrieben, der schon vor reichlich 1,5 Millionen Jahren auf der Erde erschienen ist. Der Fundplatz von Bilzingsleben wird heute überwiegend in die drittletzte Warmzeit, das Holsteininterglazial, gestellt. Es ist zu vermuten, daß der Mensch noch früher Mitteldeutschland betreten hat, nämlich in der ausgehenden Elstereiszeit. Aus Südosteuropa kommend, dürfte er den riesigen Herden von Rentieren und großen Trupps von Moschusochsen, Mammuten und Nashörnern gefolgt sein, die sich mit dem niedertauenden Inlandeis nach Norden zurückzogen. Für die Herstellung der Artefakte der Markkleeberger und der inzwischen zahlreichen anderen gleichalten Fundstellen um Leipzig kommt sowohl eine Spätform des Homo erectus als auch eine frühe Form des Homo sapiens in Betracht. Vom älteren Menschentyp könnten die in altpaläolithischer Manier (»Clactonien«) gefertigten primitiveren, vom jüngeren die in Levalloisientechnik hergestellten, vielfach formvollendeten und modern anmutenden Artefakte stammen. Ihre Herstellung wird in der Holsteinwarmzeit und in Erwärmungsphasen der sehr frühen Saaleeiszeit erfolgt sein.

Die Fundstätte Markkleeberg fand bei den ersten Publikationen auch international großes Interesse der Altsteinzeit- und Eiszeitforschung. Weltweit bekannt machte den Fundplatz vor allem die 1955 in den USA erschienene Monographie von R. Grahmann »The Lower Palaeolithic Site of Markkleeberg…«. Bisher erschienen dazu über 200 Veröffentlichungen. Die hohe Wertschätzung der Entdecker der Artefakte in der Region kommt darin zum Ausdruck, daß schon in den 1940er Jahren im Fundgelände ein ansehnlicher Granitfindling aus Skandinavien als Gedenkstein gesetzt wurde, der seit 1975 auf dem Schillerplatz in Markkleeberg-Ost steht. Mit etwa 10 000 Fundstücken zählt Markkleeberg noch immer zu den reichsten Freilandfundstätten des Alt- und Mittelpaläolithikums in Europa. Jung wirkende Werkzeuge haben sich als wesentlich älter erwiesen als lange vermutet. Die Fundschichten sind unumstößlich in die nach vollständigen Warmzeitfolgen und Inlandeisablagerungen erarbeitete Eiszeitgliederung Mittel- und Nordeuropas eingeschreint – älter als Eemwarmzeit und Saalevereisung und jünger als Elstervereisung: Späte Elstereiszeit bis frühe Saaleeiszeit.

Gedenkstein für die Entdecker der altsteinzeitlichen Funde von Markkleeberg

»Sächsisches Zweistromland« – Grabungskampagne Tagebau Zwenkau

Haben geologische Forschungen seit der Erschließung des Tagebaues Böhlen-Zwenkau zu Beginn der 1920er Jahre ganz erheblich Licht in die mittlere Braunkohlenzeit Mitteldeutschlands mit der größten mitteleuropäischen Meerestransgression vor rund 35 Mill. Jahren gebracht, später auch in die eiszeitliche Flußgeschichte von Saale, Weißer Elster und Pleiße, die längere Zeiten auf wechselndem Wege das Gebiet durchströmten, so jüngst zehnjährige Ausgrabungen und Forschungen des sächsischen Landesamtes für Archäologie (1993 bis 2003) in die Vor- und Frühgeschichte des Landes seit Erscheinen des Menschen in Mitteleuropa. In Fachkreisen sind Zwenkau und Eythra mittlerweile nicht nur zum Sinnbild für großflächige Grabungen von einigen hundert Forschern und Hilfskräften geworden, sie gelten auch als Dorado der Siedlungsarchäologie. Auf der rund 87 ha großen Grabungsfläche fanden sich mehr als 30 000 Zeugnisse der überaus reichen vor- und frühgeschichtlichen Besiedlung, die vor rund 7 000 Jahren mit dem Seßhaftwerden einer bäuerlichen Bevölkerung beginnt. Als jagender und sammelnder Homo erectus betrat der Mensch das Gebiet freilich viele Jahrzehntausende früher. Seit 1989 fanden sich in den eiszeitlichen Schottern der Weißen Elster in der weiteren Umgebung von Eythra etwa 2000 bearbeitete oder künstliche Schlagmale aufweisende Feuersteine, teilweise auch Quarzite: Kerne und Kernartige, Abschläge und Abschlaggeräte, vor allem Schaber, unter den Kerngeräten auch Faustkeile und Keilmesser. Sie treten überwiegend in Schottern der frühen Weichseleiszeit, sicher aber auch der frühen Saaleeiszeit auf. Letztere besitzen ein Mindestalter von ca. 150 000 Jahren (älter als die Saaleeisbedeckung), ein Höchstalter von rund 330 000 Jahren (Ende der Elstereisbedeckung) und ein wahrscheinliches Alter von ca. 250 000 Jahren, wie es für die ältesten analogen Funde von Markkleeberg belegt ist. Kein Wunder, daß in Fachkreisen bei einer solchen Funddichte von der mittleren Eiszeit bis in die Eisenzeit von dem Gebiet der Pleiße und Weißen Elster nördlich von Pegau als vom »Sächsischen Zweistromland« gesprochen wird oder – mit Goethe – von einem »anhaltenden Grab«, wie der Dichter die »fruchtbaren schönen Täler« unserer Landschaften in Bezug auf die Vergangenheit empfand.

Unter den nacheiszeitlichen vor- und frühgeschichtlichen Siedlungsspuren nimmt die Fundstätte Eythra einen internationalen Spitzenplatz ein. Im Bereich und südlich des 1985 überbaggerten Ortes gelang es, die größte Siedlung der beginnenden Jungsteinzeit zwischen 5300 und 4500 v. Chr. freizulegen. Spuren von mehr als 200 Häusern dieser frühesten Ackerbau und Viehzucht treibenden Bevölkerung der Region fanden sich auf einer ca. 20 ha großen Fläche. Die Hausgrundrisse – nur durch Spuren des Pfostengerüstes noch erkennbar – waren mit etwa 20 bis 30 m Länge und 5 bis 6 m Breite außergewöhnlich große Pfostenbauten. Die Siedlung bestand wahrscheinlich jeweils nur aus einem Dutzend Häusern, die in der Länge dreigeteilt, in verschiedene Funktionsräume gegliedert waren und einer Großfamilie ausreichend Platz boten. Als überregional bedeutsam gilt vor allem die Entdeckung von zwei Brunnen der Linienbandkeramik aus der zweiten Hälfte des 6. Jahrtausends in Sachsen, die zugleich zu den ältesten in Deutschland zählen.

Erbaut im Winter des Jahres 5084/83 vor Christi Geburt

Das Besondere an den Brunnen sind die guten Erhaltungsbedingungen für organisches Material. Während sich in den üblichen Siedlungsbefunden organisches Material nur im verkohlten Zustand findet, lieferten die unteren Bereiche der bis 5 m tiefen Brunnen die ersten Befunde für eine Blockbauweise in der mitteleuropäischen Vorgeschichte. Zudem konnte der früheste Nachweis von Verzapfung in der Geschichte der Holzarchitektur erbracht werden. Auch sonst eröffnete sich ein ganz neues Spektrum von Fundgegenständen, die bislang unbekannt waren: unterschiedlich gefertigte Bastgefäße, Schnüre, Holzgeräte und weitere Gegenstände aus Holz. Auch den Pflanzen- und Käferforschern sind die Brunnen eine regelrechte Fundgrube. In summa spiegeln die Überreste nicht nur unerwartet hohe handwerkliche Fertigkeiten wie das Graben eines Brunnens in lockeren, wasserführenden Schichten und dessen dauerhafte Konstruktion (Ausbau) wider, sondern auch Fakten zu Landschaft und Klima vor 7000 Jahren. Mit zwei weiteren in den letzten Jahren entdeckten Brunnen in Leipzig-Plaußig und auf dem Flughafengelände bei Schkeuditz weist Sachsen die größte Dichte an linienbandkeramischen Brunnen auf.

Damit sind Funde von überregionaler Bedeutung lange nicht erschöpft. Im westlichen Bereich des Tagebaues Zwenkau legten die Archäologen ein vollständiges Dorf der frühen Bronzezeit (2300 bis 1600 v. Chr.) mit 40 Hausgrundrissen (20 m lang, 5 bis 6 m breit) frei, von denen etwa 4 bis 5 Häuser eine gleichzeitige Dorfanlage bildeten. Mit 56 m Länge und 9 m Breite, also einer Fläche von über 500 m², konnte die bislang größte Hauskonstruktion dieser Zeit nachgewiesen werden. Was die späte Bronzezeit (um 1200 bis 800 v. Chr.) und frühe Eisenzeit betrifft, konnten im Tagebaubereich die nun auch im gesamten Leipziger Umland entdeckten linearen Gräben und Grubenreihen untersucht werden. Sie sind Teil eines weitreichenden Abgrenzungssystems hinsichtlich Besitz und Aktivitätsradius, gewissermaßen die erste sächsische Landesaufteilung. In der frühen Eisenzeit (800 bis 450 v. Chr.) tritt anstelle der Langhäuser eine Vielzahl von kleineren, maximal 6 bis 8 m großen Gebäuden, die sich zu Hofeinheiten zusammenfügten und durch Palisaden abgegrenzt waren.

Wahre Fundgrube
Vor 7180 Jahren gegrabener jungsteinzeitlicher Brunnen mit Holzgeräten, Bastgefäßen und Tonflasche.

Grabung im Tagebau Zwenkau
Kastenbrunnen Eythra. In der untersten, verzapften Balkenlage des Kastenbrunnens, der im Winter des Jahres 5084/83 v. Chr. gebaut wurde, lag ein Bastgefäß.

Vor rund 7000 Jahren: Riß der Faden oder entglitt er der Hand? Tönernes Schöpfgefäß mit Faden am Grunde des Brunnens.

Der Gewässerverbund in der Region Leipzig

Was einst in Liedern als »angenehmes Pleiß-Athen« gepriesen bzw. als »große Seestadt Leipzig« bespöttelt wurde, nimmt mit den aufgehenden Seen im Süden Leipzigs und der Vision eines Gewässerverbundes vom Floßgraben bei Pegau und vom Hainer See nahe Espenhain bis zum Elster-Saale-Kanal und über die Weiße Elster zur Saale hin handfeste Konturen an. Nach dem Stop des exzessiven Braunkohlenabbaues um Leipzig und mit der Stillegung der braunkohleveredelnden Industrie nach der Wende konnten Leipzigs Fließgewässer regeneriert werden, und eine weithin devastierte Landschaft beginnt sich in eine Seenlandschaft zu wandeln, die sich durch ihre direkte Anbindung an die Großstadt Leipzig vor anderen wie dem Lausitzer Seenland und der Mecklenburgischen Seenplatte deutlich heraushebt. Die Potentiale dieser Fließgewässer und Tagebaurestseen für eine neuartige Gewässerlandschaft zusammenzuschließen ist der tragende Gedanke des Gewässerverbundes. Indem die einst das Leipziger Stadtbild prägenden, im vorigen Jahrhundert überwölbten und verrohrten Elster- und Pleißemühlgräben wieder ans Licht geholt und Vorflutanbindungen der neuen Seen an die vorhandenen Fließgewässer ohnehin notwendig werden, ergeben sich einzigartige Möglichkeiten nicht nur bezüglich Gewässergüte und Revitalisierung der Gewässer, sondern auch zu ihrer gewässertouristischen Nutzung.

Die Anstrengungen der im Grünen Ring Leipzig zusammengeschlossenen Kommunen u.v.a.m. mündeten Ende 2005 in einem bis zum Jahre 2015 ausgelegten »Wassertouristischen Nutzungskonzept Region Leipzig«, wie es die nebenstehende Karte wiedergibt. In einer räumlichen Ausdehnung des Gewässerverbundes von der Thüringer Landesgrenze bis nach Sachsen-Anhalt werden Bootsnutzungen und wesentliche Baumaßnahmen in ihrer kurz- bis mittelfristigen oder längerfristigen Realisierung ausgewiesen. Sie müssen landschaftsverträglich, d.h. sowohl urbane wie Auenbereiche berücksichtigend (vgl. die Flora-Fauna-Habitate in der Karte, FHH), und im Einklang mit wasserwirtschaftlichen Erfordernissen sowie unter Beachtung des Hochwasserschutzes umgesetzt werden. Insbesondere von den wasserwirtschaftlich notwendigen Maßnahmen, etwa der Niedrigwassererhöhung zur Versorgung der Industrie im Oberlauf von Pleiße und Weißer Elster mit Wasser und dem dadurch verbesserten ökologischen Zustand der Gewässer, wird der Wassertourismus profitieren können. Das wassertouristische Nutzungskonzept geht von einer unterschiedlichen Eignung der einzelnen Gewässer, ihrer Morphologie und ihren naturräumlichen Empfindlichkeiten, aus und bietet eine differenzierte Nutzung an. Eines der Hauptaugenmerke gilt dabei den muskelgetriebenen Booten wie Kanus und Sportruderbooten (siehe Kurse 1a und 3 in der Karte), hierfür sind einfache Umtrage- und Einsetzstellen sowie Anleger zu bauen und der naturnahe Charakter der vorhandenen »Kanu-Gewässer« zu erhalten.

Mit Blick auf die Nutzung durch Motorboote und für größere Kanustrecken ist die Anbindung Leipzigs an den Südraum das Schlüsselprojekt des Gewässerverbundes. Erster Schritt dorthin wird die in Angriff genommene Verbindung der Stadt über Pleiße und Floßgraben zum Cospudener See sowie die Verbindung der Seenpaare Cospudener See–Zwenkauer See und Markkleeberger See–Störmthaler See untereinander (Kurse 1, 5 und 6).

Um die Schiffsdurchgängigkeit zum Cospudener See zu erreichen, sind inzwischen nur noch die Bootspassage am Connewitzer Wehr und die Brücke der Staatsstraße S 46 über den Floßgraben zu errichten. Bis 2008 wird dieser sogenannte Kurs 1 ohne Barrieren wassertouristisch nutzbar sein. Mit Flutung des Zwenkauer Sees im Jahre 2011 schließt sich dann die Bootspassage zwischen dem Cospudener und dem Zwenkauer See an; das zur Überwindung des Höhenunterschieds nötige Bauwerk und der Kanal zwischen beiden Seen sind in Planung.

Von ebensolcher Bedeutung ist die Anbindung des Störmthaler Sees und des Markkleeberger Sees an die Stadt Leipzig über die Kleine Pleiße/Pleiße bis zum Stadthafen Leipzig, dem Quell- und Zielpunkt für die meisten wassertouristischen Ausflüge (Kurs 5). Hier am Elstermühlgraben nahe dem Westplatz, nur 400 m von Leipzigs Marktplatz entfernt, wird das Herz des Gewässerverbundes schlagen. Auch dieser Wasserweg soll bis 2008 fertiggestellt werden. Die bootsgängige Verbindung vom Markkleeberger zum Störmthaler See wird mit dem Flutungsende 2011 nutzbar sein – durch eine ausreichende Sohlbreite auch für Fahrgastschiffe. Segelboote werden gegebenenfalls wegen der geringen Brückenhöhen mit einer Mastlegevorrichtung ausgestattet sein müssen. Zusammen mit der bereits schiffbaren Stadtelster und dem Karl-Heine-Kanal ergibt sich ein hoch attraktiver, zusammenhängender Gewässerraum, der das Neuseenland im Süden Leipzigs durch die Auenwälder mit der Stadt verknüpft (Kurse 2 und 7). Die schon lange geplante Verlängerung des Elster-Saale-Kanals an die Saale, damit der Gewässerlandschaft Region Leipzig an das deutsche und europäische Binnenwasserstraßennetz, bleibt zunächst weiterhin Vision. Längerfristig können vielleicht ebenfalls die Pleiße zur Anbindung des Hainer Sees (Kurs 6) und die Neue Luppe via Sachsen-Anhalt in den Gewässerverbund für Motorboote (Kurs 4) mit einbezogen werden.

Die neuen Seen werden für alle Bootstypen freigegeben sein. Aufgrund der ökologischen Empfindlichkeit der jungen und instabilen Seen und Fließgewässer bestehen für die motorgetriebenen Boote besondere Anforderungen hinsichtlich der Umweltverträglichkeit. Ein an die Gewässerlandschaft mit emissionsarmem Antrieb und geringem Tiefgang angepaßtes LeipzigBoot ist in Entwicklung. Insgesamt werden ca. 225 km Fließgewässer und die Seen im Süden und Nordwesten Leipzigs wassertouristisch nutzbar sein. Der besondere Reiz am Gewässertourismus in der Region Leipzig wird sich aus dem Wechsel von Bergbaufolgelandschaften, urbanen Siedlungsräumen und wertvollen Auenlandschaften entlang der Fließgewässer ergeben.

Angela Zábojník

Gewässerverbund - 2015 - Leitplan

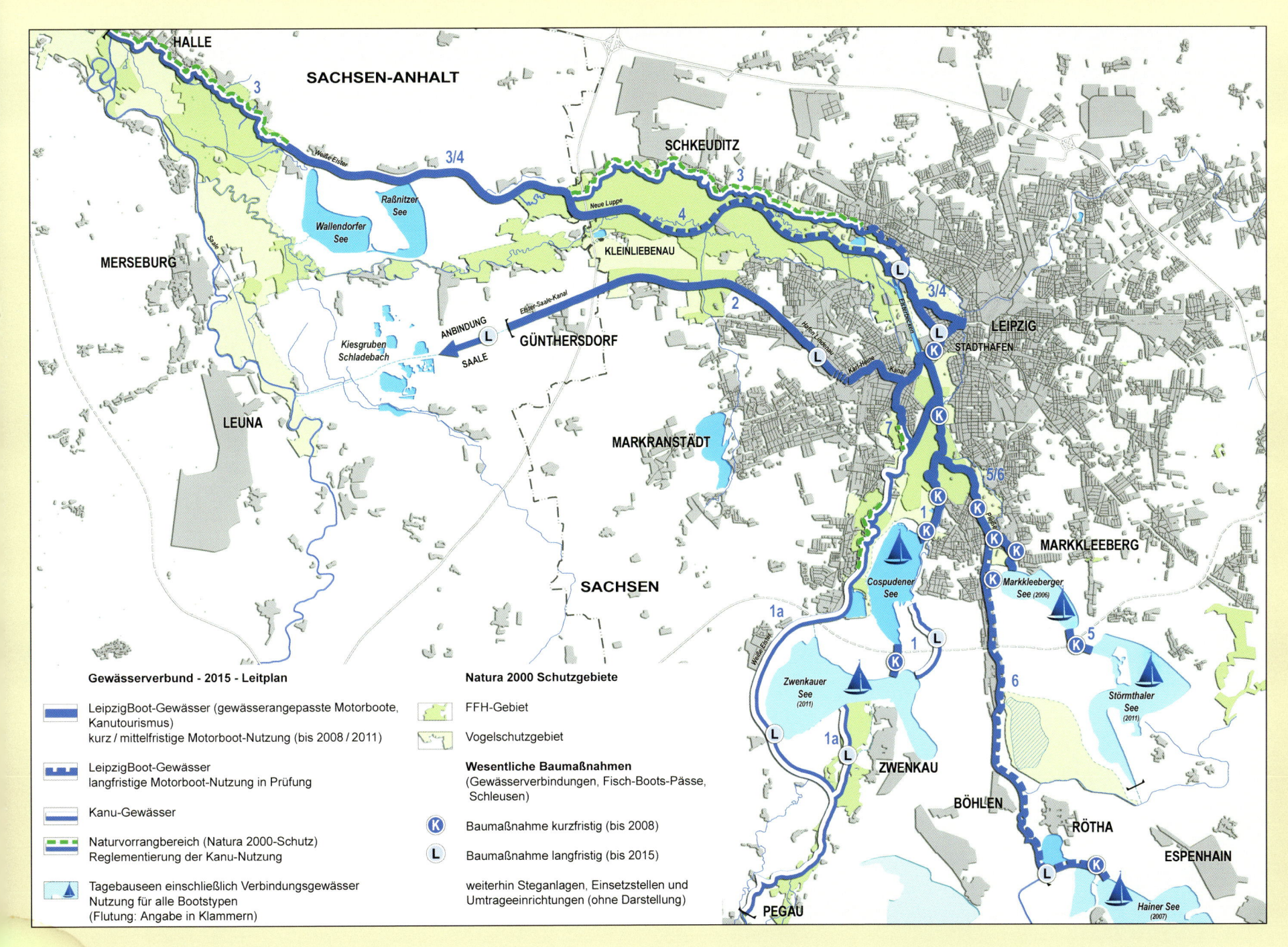

LeipzigBoot-Gewässer (gewässerangepasste Motorboote, Kanutourismus)
kurz / mittelfristige Motorboot-Nutzung (bis 2008 / 2011)

LeipzigBoot-Gewässer
langfristige Motorboot-Nutzung in Prüfung

Kanu-Gewässer

Naturvorrangbereich (Natura 2000-Schutz)
Reglementierung der Kanu-Nutzung

Tagebauseen einschließlich Verbindungsgewässer
Nutzung für alle Bootstypen
(Flutung: Angabe in Klammern)

Natura 2000 Schutzgebiete

FFH-Gebiet

Vogelschutzgebiet

Wesentliche Baumaßnahmen
(Gewässerverbindungen, Fisch-Boots-Pässe, Schleusen)

K Baumaßnahme kurzfristig (bis 2008)

L Baumaßnahme langfristig (bis 2015)

weiterhin Steganlagen, Einsetzstellen und Umtrageeinrichtungen (ohne Darstellung)

Karte: Becker, Gieseke, Mohren, Richard; Landschaftsarchitekten Berlin

Anhang

Literaturauswahl

AUTORENGEMEINSCHAFT (1998): *Braunkohlenplanung in Westsachsen.* – Regionaler Planungsverband Westsachsen, 80 S., Grimma

BARTNIK, D. (1977): *Rohstoffeigenschaften und Qualitätserkundung der Braunkohlen im nördlichen Teil der Leipziger Bucht.* – Freib. Forsch.-H. C 324, 102 S., Leipzig

BARTNIK, D. (1994): *Zur Geschichte des ältesten Leipziger Braunkohlenbergbaues.* – Spektrum. Zeitschrift Mitteldeutsche Braunkohlengesellschaft mbH 3, S. 12–13, Theißen

BAUMANN, W., MANIA, D., TOEPFER, V. und EISSMANN, L. (1983): *Die paläolithischen Neufunde von Markkleeberg bei Leipzig.* – Veröff. d. Landesmus. f. Vorgesch. Dresden 16, 280 S., Berlin

BELLMANN, H.-J. (1970): *Zu Fragen einer Faziesdifferenzierung des Mitteloligozäns in der Leipziger Bucht.* – Abh. u. Ber. Naturkundl. Mus. »Mauritianum« Altenburg 6, S. 193–203, Altenburg

BELLMANN, H.-J. (1978): *Mitteilung über urgeschichtliche Bodenfunde in den holozänen Schottern der Weißen Elster bei Zöbigker, Kr. Leipzig-Land.* – Ausgrabungen u. Funde 23, S. 10–13, Berlin

BELLMANN, H.-J. (1985): *Zur Genese der verkieselten Hölzer und Braunkohlenquarzite im Raum Leipzig.* – Z. geol. Wiss. 13, S. 699–702, Berlin

BELLMANN, H.-J., EISSMANN, L. und MÜLLER, A. (1990): *Das marine und terrestrische Mitteltertiär in den Großaufschlüssen der südlichen Leipziger Bucht.* – Ber. Fachber. Geowiss. Universität Bremen 10, S. 2–12, Bremen

BELLMANN, H.-J., PILOT, J. und RÖSLER, H.-J. (1977): *Untersuchungen zur Petrographie und Genese von Karbonatkonkretionen im braunkohleführenden Oligozän der Leipziger Bucht.* – Z. angew. Geol. 23, S. 334–341, Berlin

BELLMANN, H.-J. und WAGENBRETH, O. (1974): *Zur Geologie und Geschichte des Braunkohlenbergbaues südlich von Leipzig.* – Sächs. Heimatbl. 20, S. 68–74, Dresden

BERKNER, A. (1989): *Braunkohlenbergbau, Landschaftsdynamik und territoriale Folgewirkungen in der DDR.* – Peterm. Geograph. Mitt. 133 (3), S. 173–190, Gotha

BERKNER, A. (1994): *Bergbaubedingte Ortsverlegungen in den mitteldeutschen Braunkohlenrevieren und ihre Folgen für die Siedlungs- und Bevölkerungsstruktur.* – Hall. Jahrb. f. Geowiss. 16, S. 113–128, Halle

BERKNER, A. (1995): *Der Braunkohlenbergbau in Mitteldeutschland.* – Zeitschr. f. den Erdkundeunterricht 4, S. 151–162, Berlin

BERKNER, A. (1996): *Der Südraum Leipzig – Braunkohlenbergbau und Strukturwandel.* – In: Leipzig. Ein geographischer Führer durch Stadt und Umland, S. 252–280, Leipzig

BERKNER, A. (1997): *Landschaftliche und wirtschaftsgeographische Transformationsprozesse im Braunkohlenbergbau Mitteldeutschlands.* – In: Meyer, G. (Hrsg.): Von der Plan- zur Marktwirtschaft, S. 135–152, Mainz

BÖHME, M. (2001): *Die Landsäugerfauna des Unteroligozäns der Leipziger Bucht – Stratigraphie, Genese und Ökologie.* – N. Jb. Geol. Paläont. Abh. 220 (1), S. 63–82, Stuttgart

BÖTTGER, T., DUCKHEIM, W., JAESCHKE, A. und JUNGE, F. (1997): *Paläoökologie, Isotopen und Paläotemperaturen an einem unteroligozänen Tagebauprofil der Leipziger Bucht (TB Cospuden).* – Leipziger Geowiss. 5, S. 67–72, Leipzig

CHRISTLICHES UMWELTSEMINAR RÖTHA e.V. (Hrsg.) (2000/01): *Den Wandel zeigen – den Wandel erleben: der Cospudener See.* – Südraum Journal 12, 80 S., Leipzig

DOLL, G. (1984): *Zur zyklischen Ausbildung des Tertiärs im Zentrum des Weißelsterbeckens.* – Z. geol. Wiss. 12, S. 575–583, Berlin

DUCKHEIM, W., JAESCHKE, A. und WELLE, J. (1999): *Molluskenfaunen aus dem Rupelium (Unteroligozän) der Leipziger Bucht.* – Altenburger naturwiss. Forsch. 12, 95 S., Altenburg

EISSMANN, L. (1968): *Überblick über die Entwicklung des Tertiärs in der Leipziger Tieflandsbucht (Nordwestsachsen).* – Sächs. Heimatbl. 14, S. 25–37, Dresden

EISSMANN, L. (1970): *Geologie des Bezirkes Leipzig. Eine Übersicht.* – Natura regionis Lipsiensis 1 u. 2, 172 S., Leipzig

EISSMANN, L. (1997): *Das quartäre Eiszeitalter in Sachsen und Nordostthüringen. Landschaftswandel am Südrand des skandinavischen Vereisungsgebietes.* – Altenburger naturwiss. Forsch. 8, 98 S., Altenburg

EISSMANN, L. (2000): *Die Erde hat Gedächtnis.* 50 Millionen Jahre im Spiegel mitteldeutscher Tagebaue. – 143 S., Beucha

EISSMANN, L. (2000): *Das quartäre Eiszeitalter im Spiegel sächsischer Erdgeschichtszeugnisse.* – Naturkundemuseum Leipzig (Hrsg.), 47 S., Leipzig

EISSMANN, L. (2004): *Die Braunkohlenformation des Weißelsterbeckens mit einem Abriß des Prätertiärs und Quartärs.* – Der Braunkohlenbergbau im Südraum Leipzig (= Bergbau in Sachsen Bd. 11), S. 21–40, Freiberg

EISSMANN, L. und LITT, T. (Hrsg.) (1994): *Das Quartär Mitteldeutschlands. Ein Leitfaden und Exkursionsführer. Mit einer Übersicht über das Präquartär des Saale-Elbe-Gebietes.* – Mit Beiträgen von 36 Autoren. – Altenburger naturwiss. Forsch. 7, 458 S., Altenburg

EISSMANN, L., PRIESE, O. und RICHTER, E. (1985): *Die Geologie des Naherholungsgebietes Kulkwitz-Miltitz bei Markranstädt.* Ein Leitprofil des Glaziärs und Periglaziärs in Sachsen. – Abh. u. Ber. Naturkundl. Mus. Mauritianum Altenburg 11, S. 217–248, Altenburg

EISSMANN, L., RUDOLPH, A., BERNHARDT, W. und SCHÄFER, D. (1996): *Die paläolithischen Steinartefakte aus dem Tagebau Cospuden.* – Veröff. Naturkundemus. Leipzig 14, S. 1–23, Leipzig

FREESS, W.B. (1991): *Beiträge zur Kenntnis von Fauna und Flora des marinen Mitteloligozäns bei Leipzig.* – Altenburger naturwiss. Forsch. 6, 74 S., Altenburg

GRAHMANN, R. (1951): *Die geologische und archäologische Stellung des altpaläolithischen Fundplatzes Markkleeberg bei Leipzig.* – Eiszeitalter u. Gegenwart 1, S. 142–151, Öhringen

GRAHMANN, R. (1955): *The Lower Palaeolithic Site of Markkleeberg and other comparable localities near Leipzig.* – Transactions of the American Philosophical Society, N.S. 45, S. 509–687, Philadelphia

GROSSE, R. und FISCHER, J. (1989): *Zur Altersstellung und Verlauf der frühelsterkaltzeitlichen Flüsse in der Leipziger Tieflandsbucht und des angrenzenden Raumes.* – Mauritiana 12 (2), S. 205–224, Altenburg

HAAGE, R. (1966): *Beitrag zur Petrographie und Genese der Tertiärquarzite von Böhlen-Espenhain bei Leipzig.* – Ber. deutsch. Ges. geol. Wiss., B, 11 (2), S. 229–237, Berlin

HAFERKORN, B., LUCKNER, L., MÜLLER, M., ZEH, E., BENTHAUS, F.-K., PESTER, L., LIETZOW, A., MANSEL, H. und WEBER, H. (1999): *Schaffung von Tagebauseen im mitteldeutschen Bergbaurevier.* – LMBV mbH (Hrsg.), 140 S., Berlin

HEYDE, K. und KRUG, H. (2000): *Orchideen in der Mitteldeutschen Braunkohlen-Bergbaufolgelandschaft,* Espenhain

HÖHN, A. und NABERT, T. (2001): *Bewegte Zeiten.* Markkleeberg 1990–2000. – Stadtverwaltung Markkleeberg (Hrsg.), 104 S., Leipzig

HOFFMANN, K. und EISSMANN, L. (2004): *Glaziäres Labyrinth – Pfadsuche in einer Grundmoränenplatte des skandinavischen Vereisungsgürtels in Mitteleuropa (Tagebau Espenhain, südlich Leipzig).* – Mauritiana 19, 1, S. 17–59, Altenburg

HOTH, N. (2000): *Reduktive und Pufferungsprozesse in Braunkohleabraumkippen – ein wirksamer Selbsthilfemechanismus?* – In: Wasserwirtschaftliche Sanierung von Bergbaukippen, Halden und Deponien. – Freib. Forsch.-H. C 482, S. 114–127, Freiberg

HUNGER, W., WEISE, A. und WÜNSCHE, M. (2000): *Die Böden im Freistaat Sachsen.* – Atlas zur Geschichte und Landeskunde von Sachsen, Beiheft zur Karte A 4, 65 S., Leipzig und Dresden

JACOB, K.H. (1913): *Das Alter der paläolithischen Fundstätte Markkleeberg bei Leipzig.* – Prähist. Zeitschrift 5, S. 331–339

Literaturauswahl

Jacob, K.H. und Gäbert, C. (1914): *Die altsteinzeitliche Fundstelle Markkleeberg bei Leipzig.* – Veröff. d. Städt. Mus. f. Völkerkunde Leipzig 5, 105 S., Leipzig

Jorns, W. (1953): *Eine jungbronzezeitliche Siedlung in Rötha-Geschwitz bei Leipzig.* – Festschr. des Röm.-German. Zentralmus. in Mainz zur Feier seines hundertjähr. Bestehens 1952, Bd. 3, S. 57–71, Mainz

Junge, F.W. (1998): *Die Bändertone Mitteldeutschlands.* Ein regionaler Beitrag zur quartären Stausee-Entwicklung im Randbereich des elsterglazialen skandinavischen Inlandeises. – Altenburger naturwiss. Forsch. 9, 210 S., Altenburg

Junge, F.W., Duckheim, W., Morgenstern, P. und Magnus, M. (2001): *Sedimentologie und Geochemie obereozän-unteroligozäner Typusprofile aus dem Weißelsterbecken (Tagebau Espenhain).* – Mauritiana 18 (1), S. 25–59, Altenburg

Karl, H.-V. (1998): *Die Schildkröten aus dem marinen Mitteloligozän der DDR.* – Mauritiana 12 (2), S. 225–242, Altenburg

Ketzer, H.-J. und Höhn, A. (1999): *Leipzig südwärts.* Auf Spurensuche zwischen Markkleeberg und Borna . – Sax-Führer, 176 S., Beucha

Kringel, R., Uhlig, M., Beha, A., Sames, D. und Mansel, H. (Bearb.) (2000): *Limnologische Gutachten für das Restloch Markkleeberg im Tagebaukomplex Espenhain.* Markkleeberger See (Lkr. Leipziger Land). – 82 S., Ingenieurbüro für Grundwasser GmbH, Archiv LMBV, Leipzig

Kulturbund e.V. Landesverband Sachsen: *Sächsische Heimatblätter* (1997). – 43, H. 5, Dresden (Themenheft Südraum Leipzig mit Einzelbeiträgen)

Landesamt für Archäologie mit Landesmuseum für Vorgeschichte (Bearb.) (1996): *Leipzig und sein Umland.* Archäologie zwischen Elster und Mulde. – Führer zu archäologischen Denkmälern in Deutschland, 32, 246 S., Stuttgart

LMBV mbH (Hrsg.) (1996): *Sanierungstagebau Cospuden* (Faltblatt). – Borna

LMBV mbH (Hrsg.) (1996): *Sanierungstagebau Espenhain* (Faltblatt). – Borna

LMBV mbH (Hrsg.) (1998): *Südraum Leipzig – Hochhalde Trages.* Stationen der Hochhalde Trages. Landschaft und Natur Hochhalde Trages (Faltblatt). – Borna

LMBV mbH (Hrsg.) (2001): *10 Jahre Sanierungsbergbau mit Tagebaugroßgeräten* – eine Informationsschrift in Wort und Bild. – 85 S., Borna

Luckner, L., Haferkorn, B., Mansel, H., Sames, D. und Rehfeld, F. (1995): *Rehabilitierung des Wasserhaushaltes im Braunkohlerevier Mitteldeutschland.* – LMBV (Hrsg.), 86 S., Berlin

Mai, D.H. und Walther, H. (2000): *Die Fundstellen eozäner Floren des Weißelster-Beckens und seiner Randgebiete.* – Altenburger naturwiss. Forsch. 13, 59 S., Altenburg

Mania, D., Mania, U. und Vlček, E. (2000): *Ein neuer Fossilfund des frühen Menschen von Bilzingsleben (Thüringen).* – Praehistoria Thuringica 5, S. 17–31, Artern

MBV mbH. (Hrsg.) (1994): *Der Tagebau Espenhain 1937–1994.* – 63 S., Bitterfeld

Mechelk, H.W. (1997): *Magdeborn – Medeburu.* Ein zusammenfassender Grabungsbericht. – Arbeits- u. Forschungsber. zur sächs. Bodendenkmalpflege 39, S. 13–66, Stuttgart

MIBRAG (Hrsg.) (1992): *Tagebau Espenhain* (Faltblatt). – Bitterfeld

MIBRAG mbH (Hrsg.) (1996): *Tagebau Zwenkau – 75 Jahre.* – SPEKTRUM-Extra, April 1996, 32 S., Theißen

MIBRAG mbH (Hrsg.) (1998): *Tagebau Zwenkau.* Besucherinformation (Faltblatt). – Theißen

Müller, A. (1964): *Geologische Ergebnisse einiger neuer Bohrungen im Prätertiär von Leipzig und Umgebung.* – Geologie 13, S. 668–681, Berlin

Müller, Arn. (1976): *Beiträge zur Kenntnis der Fauna des Rupels der südlichen Leipziger Tieflandsbucht.* Teil I: Die Selachier des Rupels. – Abh. u. Ber. Naturkundl. Mus. »Mauritianum« 9, S. 83–117, Altenburg

Müller, Arn. (1983): *Fauna und Palökologie des marinen Mitteloligozäns der Leipziger Tieflandsbucht (Böhlener Schichten).* – Altenburger naturwiss. Forsch. 2, 152 S., Altenburg

Pester, L. (1967): *Übersicht über die Braunkohlenlagerstätten im Gebiet zwischen Halle, Leipzig und Bitterfeld.* – Bergbautechnik 17 (3), S. 113–120, Leipzig

Regionaler Planungsverband Westsachsen (Hrsg.) (1998): *Karte Südraum Leipzig* – Realnutzung unter besonderer Berücksichtigung von bergbaulicher Flächeninanspruchnahme und Wiedernutzbarmachung. Maßstab 1:50 000, 2. Aufl., Leipzig

Rudolph, A., Bernhardt, W. und Eissmann, L. (1995): *Die Acheuléenfunde von Eythra bei Leipzig.* – Archäologisches Korrespondenzblatt 25, 3., S. 275–285

Schönfeld, E. (1955): *Die Kieselhölzer aus der Braunkohle von Böhlen bei Leipzig.* – Palaeonthographica, Abt. B 99 (1–3), S. 1–83, Stuttgart

Stäuble, H. und Campen, I. (1998): *7 000 Jahre Brunnenbau im Südraum von Leipzig.* – In: Brunnen der Jungsteinzeit. – Materialien zur Bodendenkmalpflege im Rheinland 11, S. 51–71, Köln

Standke, G. (1997): *Die Hainer Sande im Tagebau Witznitz.* Ergebnisse der geologischen Aufschlußdokumentation stillgelegter Braunkohlentagebaue in Sachsen. – Mauritiana 16 (2), S. 241–259, Altenburg

Suhr, P. (1991): *Allochthone phosphoritisierte Ichnofossilien aus den Böhlener Schichten der Weisselstersenke.* – Mauritiana 13 (1/2), S. 225–232, Altenburg

K. Tackenberg (1937): *Markkleebergs Vorzeitfunde.* – Sachsens Vorzeit 1, S. 25–39, Leipzig

Thurm, K., Klaus, D. und Krug, H. (1996): *Naturschutz und Bergbau im Südraum Leipzig.* – In Sächsische Akademie für Natur und Umwelt (Hrsg.): Naturschutz in Bergbauregionen, Dresden

Trettin, R. und Gläser, W. (1995): *Hydrochemische Entwicklung bei der Flutung des Tagebaurestloches Cospuden.* – UFZ-Bericht 4, S. 103–114, Bad Lauchstädt

Uhlig, U. und Böhme, M. (2001): *Ein neuer Rhinocerotide (Mammalia) aus dem Unteroligozän Mitteleuropas (Espenhain bei Leipzig, NW-Sachsen, Deutschland).* – N. Jb. Geol. Paläont. Abh. 220 (1), S. 83–92, Stuttgart

»Verlorene Orte« e.V. (Hrsg.) (1996): *Ausstellung »Verlorene Orte« im Espenhainer Tagebau.* – 28 S., Gemeinde Thümmlitzwalde, OT Ostrau

»Verlorene Orte« e.V. (Hrsg.) (1997): *Ausstellung »Verlorene Orte« im Zwenkauer/Cospudener Tagebau.* – 24 S., Gemeinde Thümmlitzwalde, OT Ostrau

Walter, H. (1997): *Zur Palökologie der Böhlen-Folge im Tertiär der Weißelstersenke (Deutschland).* – Leipziger Geowiss. 5, S. 25–66, Leipzig

Walther, H. (2001): *Landschaftspark Cospuden. Der Tertiärwald* (Faltblatt). – Leipzig

Woydack, A. (1997): *Die Ichthyofauna der Tagebaue Cospuden und Espenhain (Unteroligozän der Leipziger Bucht).* – Leipziger Geowiss. 4, S. 165–187, Leipzig

Wünsche, M. (1995): *Kippenböden, Rekultivierung und Gestaltung der Bergbaufolgelandschaft im Braunkohlenrevier Westsachsens.* – In: Sonderheft Hochschule f. Techn., Wirtsch. und Kultur, 2. Zukunft Südraum Leipzig, S. 21–30, Leipzig

Wünsche, M. und Oehme, W.D. (1963): *Die Eignung der Deckgebirgsschichten in den Vorfeldern der Braunkohlentagebaue Böhlen und Espenhain für die Wiederurbarmachung.* – Z. angew. Geol. 9 (3), S. 125–131, Berlin

Dank

Bei der Erarbeitung und Gestaltung des Buches erfreuten wir uns nicht nur ermutigender Aufgeschlossenheit, sondern auch freundlichster Unterstützung vieler Personen. Unser Dank gilt zuerst der Lausitzer und Mitteldeutschen Bergbau-Verwaltungsgesellschaft mbH, insbesondere Frau K. Franke für vielfältige Vermittlungen und die Bereitstellung wertvoller Fotodokumente, und den Herren Dipl.-Ing. B.-S. Tienz und Dipl.-Geophys. E. Zeh für zahlreiche fachliche Hinweise zum Bergbau und zur Geotechnik. Für spezielle Auskünfte auf den Gebieten der Geologie, Paläontologie, Archäologie, Hydrologie, Limnologie, Ornithologie und Landschaftsgestaltung zu Dank verpflichtet sind wir Frau Dipl.-Hydr. A. Beha, Frau Dipl.-Chem. Ch. Hanisch und Frau Dipl.-Min. S. Stelzner sowie den Herren Dr. H.-J. Bellmann, Dr. habil. A. Berkner, G. Erdmann, Dipl.-Ing. B. Haferkorn, Dipl.-Geophys. F. K. Jendryschik, Dr. habil. F. W. Junge, M.A. J. Kegler, Dipl.-Phil. K. Kroitzsch, Dipl.-Geol. L. Pester, Dr. J. Schäfer, Dipl.-Phil. R. Spehr, Prof. Dr. H. Walther und H. Werner.

Fotodokumente, die uns – ergänzend zu unseren Aufnahmen – besonders instruktiv und eindrucksvoll erschienen, stellten dankenswerterweise die Herren Dipl-Geol. R. Baudenbacher, T. Spazier, W. Stengel, M. Wilhelm und vor allem A. Pustlauck sowie die Leitung des Heimatmuseums Markkleeberg im Westphalschen Haus zur Verfügung. Ein herzlicher Dank gilt auch Frau H. Eichhorn für die Anfertigung der geologischen Schnitte.

Dem Sax-Verlag Beucha und dem Graphiker Andreas Stötzner Dank für die Gestaltung und großzügige Ausstattung des Buches.

Das Buchprojekt wie auch seine nunmehr 2., wesentlich erweiterte, aktualisierte Auflage fand uneingeschränkte ideelle Förderung durch den Oberbürgermeister der Stadt Markkleeberg, Herrn Dr. B. Klose, und die Bürgermeisterin der Gemeinde Großpösna, Frau Dr. G. Lantzsch. Dafür und für die finanzielle Unterstützung des Drucks, ohne die eine solch weitgreifende Neuausgabe nicht möglich gewesen wäre, gilt ihnen wie auch der LMBV der ganz besondere Dank der Autoren.

Bildnachweis

R. Baudenbacher: S. 31; A. Bellmann / H. Krug: S. 63 unten; Heimatmuseum Markkleeberg: S. 87 links; Landesamt für Archäologie mit Landesmuseum für Vorgeschichte: S. 98, 99; LMBV: Einband vorn, S. 10, 22 (Markscheiderei Espenhain), S. 34 unten, 42 oben, 48, 49, 50, 51, 53, 55, 56, 60, 61, 70, 71, 79; W. Morgeneyer: S. 11; A. Plescher: S. 77; O. Priese: S. 26 oben, 37; Punctum / P. Franke, B. Kober: Frontispiz, Titelseite, S. 34 oben rechts, 35 unten links; A. Pustlauck: S. 30, 32; T. Spazier: S. 87 oben rechts; W. Stengel: S. 35 oben rechts; M. Wilhelm: S. 86; Sächsische Landesbibliothek – Staats- und Universitätsbibliothek Dresden, Deutsche Fotothek Dresden: S. 87 unten rechts.

Alle anderen Aufnahmen von den Autoren

Text- und Bildlegenden von Lothar Eißmann / »Der erste Markkleeberger und seine Nachfahren« sowie Teile der Bildlegenden von Armin Rudolph

Titel der Erstauflage (2002):
Metamorphose einer Landschaft – Die aufgehenden Seen um Markkleeberg

Die Neubearbeitung der 2. erweiterten Auflage erfolgte durch L. Eißmann. Beiträge zum Gewässerverbund lieferten Frau A. Zábojník, Amt für Umweltschutz der Stadt Leipzig, zur Archäologie des Tagebaufeldes Zwenkau Herr Dr. H. Stäuble, Landesamt für Archäologie Dresden, und zur Botanik Herr Dr. N. Höser, Naturkundemuseum Mauritianum Altenburg, sowie Frau A. Bellmann und Herr H. Krug von der Naturförderungsgesellschaft Ökologische Station Borna-Birkenhain e. V.

Bibliografische Information der Deutschen Bibliothek
Die Deutsche Bibliothek verzeichnet diese Publikation in der Deutschen Nationalbibliografie; detaillierte bibliografische Angaben sind im Internet über http://dnb.ddb.de abrufbar.

2. aktualisierte und erweiterte Auflage 2006
Alle Rechte vorbehalten
© Sax-Verlag Beucha, 2002
Gestaltung: Andreas Stötzner, Leipzig
Kartographie: Kartographisches Büro Borleis & Weis, Leipzig
Reproduktionen: Scan Color Leipzig, Grafotex Leipzig
Druck: Klingenberg Buchkunst Leipzig
Verarbeitung: Kunst- und Verlagsbuchbinderei Leipzig
Printed in Germany